Sacred Journey

Mein Weg mit Amma

Swamini Krishnamrita Prana

Mata Amritanandamayi Center, San Ramon
Kalifornien, Vereinigte Staaten

Sacred Journey, Mein Weg mit Amma
von Swamini Krishnamrita Prana

Veröffentlicht von:
  Mata Amritanandamayi Center
  P.O. Box 613
  San Ramon, CA 94583
  Vereinigte Staaten

———————————— *Sacred Journey (German)* ————————

Erstausgabe vom MA Center: September 2016

In Deutschland: www.amma.de

In der Schweiz: www.amma-schweiz.ch

In Indien:
  inform@amritapuri.org
  www.amritapuri.org

Ich sehe nicht in die Zukunft,
noch will ich es.
Aber eine Vision sehe ich in aller Lebendigkeit vor mir.
Die Ur-Mutter ist wieder einmal erwacht
und sitzt verjüngt auf ihrem Thron.
Strahlender denn je.
Verkündet der ganzen Welt von ihr
mit der Stimme des Friedens und Segens!

Swami Vivekananda

Inhalt

*Die Gedichte am Ende eines jeden Kapitels wurden 1984
von Swamini Krishnamrita Prana geschrieben.*

*Im Folgenden werden lange Sanskrit-Vokale
mit Doppelschreibung wiedergegeben.*

Einleitung

"Sobald Eure Sicht die Kraft hat,
die Oberfläche des Seins zu durchdringen,
wird Euer Leben mit Freude erfüllt sein."

Amma

Ich war immer glücklich damit, mich im Hintergrund des Geschehens um Amma aufzuhalten und zuzuschauen, wie sich das göttliche Spiel vor meinen Augen entfaltete. Ohne wirklich alles zu verstehen, was da vor sich ging, war ich als Zuschauerin zufrieden mit den lückenhaften Übersetzungen, die ihren Weg bis zu mir fanden.

Ich betete zu Amma: „Es ist nicht meine Art, Dir nachzulaufen und- zujagen wie es so viele andere tun. Wenn Du also willst, dass ich Dir näher komme, dann wirst Du mich zu Dir heranziehen müssen, weil ich in dem Versuch, Dir näher zu kommen, niemanden einfach aus dem Weg schubsen kann."

Amma sagte immer: „Entweder sei eine von denen, die kämpfen, um in vorderster Reihe bei Amma zu sein oder sei losgelöst davon und bleib hinten; aber bleibe nicht irgendwo dazwischen, neidisch auf die beiden anderen Gesinnungen." Also befand ich mich häufig zufrieden losgelöst im Hintergrund, bis Amma mich näher zu sich heranzog.

Wir alle haben Vorstellungen oder Fantasien davon, wie spirituelles Leben aussieht. Interessanterweise kommt jedoch das Gegenteil davon der Wirklichkeit oftmals näher. Die Luftschlösser, die wir aufbauen, brechen um uns herum zusammen und unsere Illusionen lösen sich in nichts auf. Das Leben ist selten so, wie wir es erwarten. Ich zum Beispiel hätte nie gedacht, mich jemals als Autorin wiederzufinden, schon gar nicht als die eines spirituellen Buches; aber durch Ammas Gnade hat sich dieses Buch manifestiert.

Die Idee dazu tauchte zum ersten Mal 2003 in meinen Gedanken auf. Einige von uns saßen mit Amma zusammen, um ein paar *ashram*-Angelegenheiten zu besprechen. Sie sagte: „Kinder, es ist besser, Gras zu rupfen, es zu essen und davon zu leben, als unsere Werte zu opfern. Es ist unsere heilige Pflicht, die spirituellen Werte aufrechtzuerhalten und es ist unsere Pflicht, keine Fehler zu machen, denn wenn jemand fällt, der unserem Weg folgt, dann könnten andere, die ihm gefolgt sind, auch fallen."

Ammas segensreiche Worte zu hören war für mich zutiefst inspirierend und aufwühlend. Mit welcher Ernsthaftigkeit sie um das Aufrechterhalten der Werte spiritueller Tradition bemüht war, berührte den innersten Kern meines Wesens. Ich fühlte mich plötzlich verantwortlich dafür, diese kostbaren, inspirierenden Augenblicke mit dem Rest der Welt zu teilen. Als ganz besondere Aufgabe empfand ich es Ammas Weisheit zu teilen. Denn ihre Weisheit ist nicht nur für ein paar Wenige gedacht, sondern sie sollte durch uns alle weitergetragen werden, um Licht zu bringen in die Dunkelheit, die unser Leben umschließt.

Ich würde niemals behaupten, die ideale spirituelle Sucherin zu sein, davon bin ich weit entfernt. Aber irgendwie hat Ammas Gnade mein Leben überflutet, mit nur ein bisschen Anstrengung und Offenheit meinerseits. Als Mitreisende auf diesem spirituellen Weg teile ich einige meiner persönlichen Eindrücke, in der Hoffnung, dass sich auch andere inspiriert fühlen werden, ein Leben der Hingabe zu führen und sie ebenfalls spüren mögen, wie sich das strahlende Licht der göttlichen Mutter in ihren Leben zu entfalten beginnt.

Mit nur einem Tropfen Deiner Liebe
hast Du meiner Seele brennenden Durst nach Dir entfacht.
Vergeblich durchwandere ich die kummererfüllte Welt
auf der Suche, Deiner gewahr zu werden.

Alles hat seinen Sinn verloren.
Süße Glückseligkeit, Hand in Hand mit Trauer
wühlt mein einsames Leben auf.
In der Öde meines Herzens
hast Du einen Samen der Liebe gepflanzt.
Jetzt blüht und gedeiht er,
geduldig darauf wartend, dass Du ihn pflückst.

Der Lotus meines Herzens
sucht seine Heimat bei Dir.
Lass diese einsame Blume nicht dahinwelken,
während sie Deiner erwartet.

Kapitel 1

Ammas Kindheit

„Wenn Du in allem Gott erkennst,
ist Dein Geist ständig mit Andacht erfüllt.
Wenn es keine Gefühle des Andersseins gibt,
wird Dein ganzes Leben zu einem Akt der Anbetung,
zu einem Gebet und Lobgesang.“

Amma

Amma jemandem in wenigen Worten zu beschreiben, der ihr noch nie zuvor begegnet ist, wird zu einer sehr entmutigenden Aufgabe. Denn Amma existiert jenseits der Reichweite von Worten. Dr. Jane Goodall bot eine der besten Beschreibungen, die ich bisher gehört habe, als sie Amma bei der Verleihung des „Gandhi-King-Preises für Gewaltlosigkeit“ vorstellte. Sie beschrieb sie als: „Jemand, der die Verkörperung der Güte ist, Gottes Liebe in einem menschlichen Körper.“ Nichts könnte wahrer sein als diese Beschreibung.

Amma war von Anfang an ungewöhnlich. Bei ihrer Geburt beunruhigte sie ihre Mutter Damayanti Amma dadurch, dass sie nicht weinte. Ihre Mutter war äußerst besorgt, bis sie ihre neugeborene Tochter ansah und ihr schönes Lächeln erblickte. Sie hatte dunkle Haut, die ins Bläuliche ging, auch darüber waren ihre Eltern besorgt. Sie nannten sie Sudhaamani, was „Ambrosia-Juwel" bedeutet, und ein solcher war sie wahrhaftig.

Ammas Eltern und Verwandte waren fromme Leute, die sich an die traditionellen religiösen Gebräuche der Familie und des Dorfes hielten. Ammas Verhalten aber war ihnen unbegreiflich und sie dachten, dass mit Sicherheit etwas nicht in Ordnung war mit ihr. Unaufhörlich sang Amma die Namen Gottes und ihre Aufmerksamkeit war nicht immer auf die Welt um sie herum gerichtet. Tag und Nacht rief sie nach *Krishna*, sich ihr zu offenbaren, tanzte in Glückseligkeit und komponierte von klein an wunderschöne Loblieder. Manchmal jedoch fiel sie, in einem Zustand der Verzückung, auf den Boden und dieses seltsame Verhalten machte ihnen allen Angst.

Ammas Dorf war eine einfache Gemeinde schwer arbeitender Fischer. Es könnte irreführend sein zu sagen, dass Amma in Armut geboren wurde, so wie es oft verstanden wird. Es war eher wirtschaftliche Einfachheit mit sehr wenig Geld, ein Lebensstil, der sich seit Jahrhunderten erhalten hatte, in einem Klima, das viele der Grundbedürfnisse der Familie einfach „wachsen" lies. Dennoch kann im Dorfleben auch ein nur kleines Unglück zu verzweifelter Armut führen, was einen Mangel an Nahrung, Kleidung und körperlicher Grundversorgung zur Folge hat. Als Amma als Kind das Leid sah, das von dieser Armut verursacht wurde, hatte sie das Bedürfnis, alles ihr machbare daranzusetzen, um diesen verarmten Menschen zu helfen. Diese Hilfe bedeutete häufig, auf die Ressourcen der Familie zurückzugreifen, wie z.B. Nahrung oder Geld aus ihrem Elternhaus zu nehmen, um es denen zu geben, die gar nichts hatten. Für ihre ansonsten großzügigen Eltern war dieses Verhalten völlig verrückt und sie wollten es nicht tolerieren, was zu harten Strafen für Amma führte. Sie kamen zu dem Schluss, dass Ammas Verhalten das eines gestörten Kindes war und dass mit ihr definitiv etwas nicht in Ordnung sein konnte. Dennoch arbeitete Amma so schwer, und je mehr sie arbeitete, desto mehr Arbeit wurde ihr aufgetragen.

Als Damayanti Amma krank wurde, war Amma gezwungen, die Schule nach der vierten Klasse zu verlassen, um sich um ihre Gebräuche zu kümmern. Da sie ein Kind mit rascher Auffassungsgabe und einem beeindruckenden Gedächtnis war, kam jegliche weitere Bildung von der Hausaufgabenhilfe, die sie ihren Geschwistern gab.

Als die Kinder klein waren, weckte Damayanti Amma sie täglich früh zu den Morgengebeten. Die anderen hofften, dass ihre Mutter verschlafen würde, damit sie ein bisschen mehr Schlaf bekämen. Allein Amma sprang glücklich aus dem Schlaf auf, um zu beten. Sie war das einzige der Kinder, das wirkliche Hingabe empfand.

Sie machte keinen einzigen Atemzug, ohne sich an Gott zu erinnern. Tagein und tagaus bemühte sie sich unablässig, sich durch das Rezitieren seines Namens an Gott zu erinnern und sich seine kostbare Gestalt in ihrem Herzen vorzustellen. Sie machte nicht einen Schritt, ohne seinen Namen auszusprechen. Wenn sie es einmal vergaß, machte sie einen Schritt zurück und während sie das *mantra* wiederholte, den nächsten noch mal. Wenn sie beim Schwimmen tauchte, gelobte sie, ihr *mantra* soundsoviele Male zu rezitieren, bevor sie wieder an die Oberfläche kam, um den nächsten Atemzug zu holen. So groß war ihre Hingabe, das Ziel zu erreichen sich in jedem Augenblick an Gott zu erinnern.

Im Alter von sechs oder sieben Jahren dachte Amma bereits über den Sinn des Lebens nach. Bei manchen von uns kann es bis zum Lebensende dauern, nachdem wir ein weltliches Leben geführt haben, bis wir anfangen, solche Fragen zu reflektieren. Während andere Kinder sich mit Spielzeug beschäftigten, ging die kleine Sudhaamani der Frage nach, warum es so viel Leid in der Welt gab.

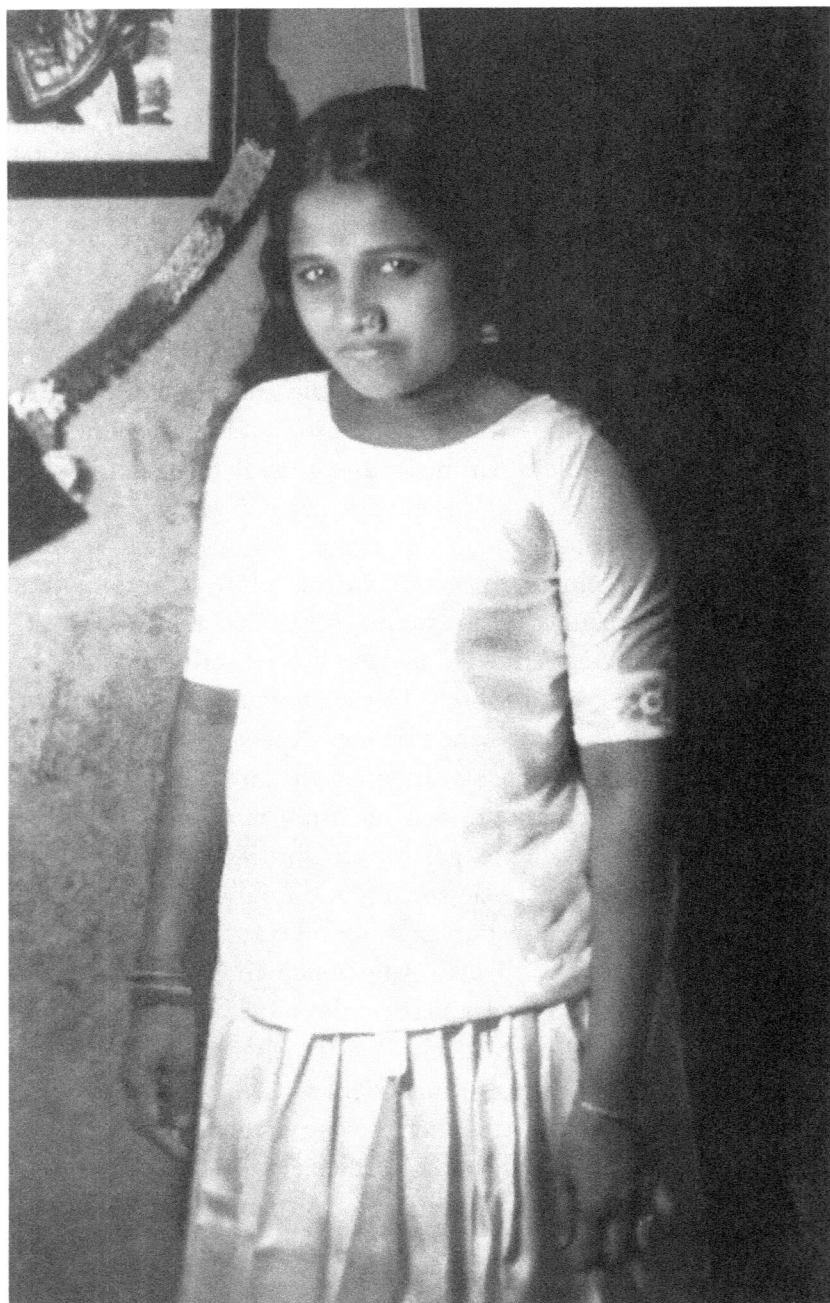

Sie ging von Haus zu Haus, sammelte Gemüseabfälle und Reste von Reisbrei, die sonst weggeworfen würden, um damit die Kühe ihrer Familie zu füttern. Während sie das tat, sah sie all die alten und kranken Menschen, die in einigen dieser Häuser lebten und ihr wurde klar, dass sich deren Familien häufig nicht genug um sie kümmerten.

Sie erzählten ihr davon, wie ihre erwachsenen Kinder früher einmal ihre Füße verehrt hatten, für ihre Gesundheit und langes Leben beteten und gelobt hatten, sich um sie zu kümmern, wenn sie alt wurden. Aber in der Geschäftigkeit des eigenen Lebens vergaßen sie ihre Versprechen später, überließen ihre altgewordenen Eltern sich selbst und misshandelten sie häufig auch noch. Als kleines Mädchen brachte Amma diese alten Menschen mit in ihr Elternhaus, machte ihnen ein heißes Bad, wusch ihre Kleider im Teich der Familie und gab ihnen zu essen, bevor sie sie wieder nach Hause brachte. Manchmal, wenn sie sehr arm waren und nicht genug Nahrung zuhause hatten, nahm sie die eigenen Vorräte und gab sie den alten Menschen mit. Wenn ihre Eltern dies herausfanden, machten sie ihr schwere Vorwürfe und schlugen sie sogar. Aber weder Worte noch Strafen konnten sie von ihrem Tun abhalten oder ihre mitfühlende Haltung dem Leid anderer gegenüber ändern, das ihr in der Seele wehtat.

Weil es ein armes Fischerdorf war, waren viele Menschen krank und litten unter ihrer Krankheit oder Armut. Beim Anblick all dieser Probleme und Schwierigkeiten dachte Amma über den Sinn des Lebens nach und stellte ihn in Frage. Sie sagte, dass sie sogar ins Feuer springen wollte, um ihr Leben zu beenden, weil sie vom Leiden der Menschen überall so überwältigt war.

Sie fragte Gott fortwährend nach dem Grund für dieses so weitverbreitete, schwere Leid, bis ihr schließlich aus dem Inneren eine Stimme offenbarte, dass das Leiden der Menschen von deren *karma* verursacht wird – wegen der von ihnen in diesem oder vorangegangenen Leben begangenen Taten. Das Ergebnis dieser vergangenen, nicht rechtschaffenen Taten käme schließlich in verschiedenen Formen des Leides auf sie zurück. Aber genauso wie deren *karma* das Leid war, empfand Amma es als ihre Pflicht zu versuchen, deren Leid zu lindern. So, wie wir auch nicht einfach sagen können, dass jemand, der in eine Grube gefallen ist, selbst daran schuld sei, weil es eben sein *karma* ist. Wir müssen eine helfende Hand ausstrecken, um ihm heraus zu helfen, weil dies *unsere* Pflicht ist. Seit dieser Offenbarung hat Amma von Kindesbeinen an versucht, stets ihr Äußerstes zu geben, um die schmerzhaften Leiden der Menschheit zu lindern und sie zu trösten.

Die Dorfbewohner luden Amma immer wieder zu sich nach Hause ein, um mit ihnen *bhajans* zu singen, weil sie für ihre liebliche Stimme bekannt war und ihre eigenen Lobgesänge erfand. In der Küstenregion, in der sie lebte, gab es in jedem Haushalt ein Buch, in das die Bewohner ihre *bhajans* schrieben.

Wenn Amma in diesen Büchern ein Lied fand, das ihr gefiel, fing sie sofort an, es zu singen. Später, wenn die Hausbewohner ihr Buch öffneten, sahen sie, dass eine Seite fehlte. Amma hatte sie herausgerissen und mitgenommen. Manchmal ließ sie sogar ganze *bhajan*-Bücher mitgehen. Zu Hause war ihre Familie bestürzt darüber und sie fragten, warum sie das täte. Sie befürchteten, die Nachbarn könnten kommen und mit ihnen streiten, wenn sie entdeckten, dass eine Seite oder das ganze Buch fehlte. Amma gab nie eine Antwort. Erst viele Jahre später erklärte sie, dass es für weltliche Menschen traditionell üblich ist, etwas zu schenken, wenn ein *mahaatma* zu ihnen nach Hause kommt, um gemeinsam eine Andacht zu halten. Damals hätte Amma dies den Menschen jedoch nicht sagen können, da sie in deren Augen ja nur ein einfaches Dorfmädchen war. Stattdessen nahm sie aus Mitgefühl einfach eine Seite aus ihrem *bhajan*-Buch mit, damit die Menschen kein schlechtes *karma* auf sich luden, weil sie ihr nichts dargebracht hatten.

Bei einem Gespräch über ihre Kindheit, erzählte Ammas ältere Schwester, dass sie Amma oft „verrückt" nannten. Manchmal hob Amma etwas wirklich Schweres hoch und sagte dabei: „Das ist ja gar nicht schwer." Oder sie machte etwas äußerst Schwieriges und sagte: „Das ist doch ganz einfach." Es schien keinen Grund zu geben, so etwas zu sagen und ihre Geschwister fanden es extrem nervig. Erst später wurde ihnen klar, dass Amma ihnen dadurch zu erklären versuchte, dass sie die Dinge anders wahrnahm. Sie gab ihnen Hinweise auf ihre göttliche Natur, aber zu jener Zeit konnten sie das noch nicht verstehen.

Eines Tages saßen alle vier Schwestern unter einem Baum beieinander. Amma sang ein *bhajan* vor sich hin als sie plötzlich in ruhigem Ton bemerkte: „Jetzt können wir alle noch hier zusammensitzen, aber es wird eine Zeit kommen, in der Ihr Euch in eine Wartereihe stellen müsst, um mich zu treffen." Sie dachten alle: „Ja, sicher! Schaut sie Euch an! Was glaubt sie eigentlich, wer sie ist?! Sie ist einfach zu verrückt!"

Es gab viele andere Begebenheiten, die auf Ammas Größe hinwiesen. Einmal besuchte Amma mit ihren beiden Schwestern den Tempel einer nahegelegenen Stadt. Sie kamen gerade rechtzeitig zum abendlichen *aarati*. Die Türen des inneren Tempels waren fast vollständig geschlossen, aber die Mädchen konnten durch einen kleinen Spalt sehen, was darin vor sich ging.

Der *puujaari* führte die Anbetungszeremonie für die Tempelgottheit durch. Als er das *aarati* machte, versuchte er, Blumen zu Füßen der Statue zu streuen, aber die Blumen fielen nicht in die zu erwartende Richtung. Stattdessen landeten sie weiter weg, in völlig falscher Richtung. Er war verwirrt und wusste nicht, was er tun sollte.

Amma stand zwischen ihren beiden Schwestern, als der *puujaari* plötzlich aufstand. Er nahm den Blumenteller, die *aarati*-Lampe und eine Girlande und kam aus dem Innern des Tempels heraus. Er ging direkt auf Amma zu, brachte die Blumen zu ihren Füßen dar, hängte ihr die Girlande um und führte das *aarati* vor ihr aus. Amma lehnte sich mit halb geschlossenen Augen gegen die Wand. Anschließend segnete sie den Mann, indem sie seinen Kopf berührte und verließ dann, zusammen mit ihren Schwestern, den Tempel wieder.

Die anderen Gläubigen, die Zeuge dieses Ereignisses wurden, waren schockiert, da sie so etwas noch nie gesehen hatten – einen *puujaari*, der ein Anbetungsritual vor einem jungen Dorfmädchen ausführte, anstatt vor dem Abbild der Tempelgottheit. Auch ihre Schwestern waren von diesen sonderbaren Szenen völlig überrascht, obwohl sie ja daran gewöhnt waren, dass um ihre Schwester herum unvorstellbare Dinge geschahen.

Amma verrichtete von früh bis spät ein außergewöhnliches Arbeitspensum. Obwohl sie so hart arbeitete, blieben ihre Gedanken unablässig auf Gott konzentriert. Eine der Aufgaben der Kinder bestand darin, die Kühe zu versorgen. Dies bedeutete u.a., dass sie Futtergras für sie schneiden mussten. Dazu zogen die Mädchen mit vielen anderen zusammen los. Normalerweise brauchten sie etwa zwei Stunden dafür. Sobald sie Gras fanden, begannen die Mädchen mit dem Schneiden. Amma ging jedoch und setzte sich in eine Ecke an einen abgeschiedenen Ort, schloss ihre Augen und saß in Meditation. Die Anderen erkannten nicht, dass sie meditierte und dachten, sie würde sich einfach nur ausruhen.

Die Mädchen hatten große Körbe, die sie mit Gras füllten. Nachdem sie anderthalb Stunden lang Gras geschnitten hatten, stand Amma plötzlich auf, nahm eine Sichel und schnitt zwanzig Minuten lang Gras, was das Zeug hielt. Während die anderen in zwei Stunden drei Körbe füllten, füllte Amma fünf Körbe in nur zwanzig Minuten. Während des ganzen Heimwegs zankten sich die Mädchen mit Amma und beschuldigten sie, Gras von ihnen gestohlen zu haben. Sie waren sich absolut sicher, dass sie dies getan haben musste. Wie sonst hätte sie ihr Gras so schnell zusammenbekommen können? Dann nahmen sie trockene Zweige, legten sie auf den Boden ihrer Körbe und darauf schließlich das Gras, damit es so aussah, als hätten auch sie fünf volle Körbe gesammelt.

Amma arbeitete so hart wie ein Dienstmädchen und wurde auch wie ein solches behandelt. Sie wurde regelmäßig mit Strafen überhäuft. Dennoch ließ sie andere niemals wissen, was sie erleiden musste, um ihnen zu helfen. Schweigend ertrug sie alles. Amma rief von ganzem Herzen und ganzer Seele nach *Krishna*. Und in diesem Sehnen nach ihm wusch sie den Schmerz des ganzen Tages von sich ab. Je mehr Leid sie in ihrem Leben erfuhr, desto mehr wendete sie sich hingebungsvoll Gott zu.

❧

O Krishna,
ich höre Deiner Flöte süßen Ruf nach mir.
Ich will alles fallen lassen
und eilig nach Dir suchen,
aber versuche ich mich Dir zu nähern,
finde ich meine Füße gebunden
von den schweren Ketten dieser Welt
und sie lassen mich nicht los.
Allein mein gequälter Verstand
kann versuchen Dich zu finden.
Ich habe genug von dieser kummererfüllten Welt,
die mich immer noch weiter bedrängt,
aber mehr von ihrem Gift kann ich nicht anrühren.
Lass mich alleine hier sterben,
in der Sehnsucht, Dich zu erblicken.

❧

Kapitel 2

Der Weg zu Amma

*„Das Leben wird nur erfüllt und ganz
wenn das Herz voller Glaube
an eine höchste Kraft ist.
Bis dahin wird die Suche
nach der Überwindung dieser Leere weitergehen."*
Amma

Als Kind verbrachte ich die Schulferien auf der Farm meines Vaters. Wir waren drei Kinder in der Familie und wir halfen gerne bei der Arbeit, das Feld zu bestellen. Die Arbeit war für uns wie ein Spiel.

Ich erinnere mich sehr lebhaft an ein Erlebnis, das ich hatte, als ich ungefähr sieben oder acht Jahre alt war. Ich bückte mich nach ein paar Körnern Sand und hob sie auf. Ich betrachtete nur eines oder zwei davon und sah, dass sie wie Diamanten in der Sonne funkelten. Ich war ganz aufgeregt, weil ich dachte, ich hätte gerade das „Geheimnis des Universums" entdeckt.

Ich sah so viel Schönheit in diesen kleinen Sandkörnern und dachte, wenn schon ein so kleines Schmutzteilchen solche Schönheit in sich barg, dann musste doch die ganze Welt aus ähnlichen Teilchen gemacht sein. Ich fühlte, dass das „Geheimnis des Universums" darin bestand, dass alles überall aus derselben Schönheit geschaffen war, was wir nur noch nie bemerkt haben, weil alles miteinander vermischt war. Diese tiefe Einsicht blieb mir eine Weile erhalten und es ist etwas, woran ich mich immer erinnern werde. Vor den unschuldigen Augen eines Kindes kann sich das Wunder des Universums entfalten.

Nachdem ich die Schule beendet hatte, arbeitete ich als Rezeptionistin und Sekretärin für einen plastischen Chirurgen. Es war eine interessante Arbeit, die mich vieles über die Welt lehrte. Dieser Chirurg war auf Handoperationen spezialisiert und ersetzte die Gelenke von Menschen mit rheumatischer Arthritis. Viele kamen auch wegen verschiedenster Schönheitsoperationen zu ihm. In den beiden Jahren, in denen ich für ihn arbeitete, hatten in der Anfangszeit etwa drei Patienten pro Tag Operationstermine. Nach und nach quetschte der Arzt vier, fünf oder sechs Patienten in einen Tag. Ich hatte den Eindruck, dass er nur mehr Geld verdienen wollte, um sein luxuriöses Leben finanzieren zu können. Die Anzahl der Infektionen bei seinen Patienten begann zu steigen, wahrscheinlich, weil er sich immer weniger Zeit für deren Nachsorge nahm. Das war sehr desillusionierend und ich fühlte, dass der Sinn des Lebens nicht darin bestand, Geld zu verdienen, um sich Luxus leisten zu können. Ich wollte auf keinen Fall meine Seele für einen wöchentlichen Gehaltsscheck verkaufen. Ich spürte, dass das Leben mehr zu bieten hatte als das und auch wenn ich noch nicht genau wusste, was das war, wollte ich versuchen, es herauszufinden. Also verließ ich das Berufsleben mit achtzehn.

Ich beschloss zu reisen, um zu entdecken, worum es im Leben wirklich ging. Ich reiste acht Monate lang durch Asien. Auf meiner Reise sah ich, dass die Menschen dort nur wenig materielles Eigentum besaßen, jedoch mehr inneren Frieden zu genießen schienen als die meisten Menschen in westlichen Ländern, mit all ihrem materiellen Komfort. Diese Tatsache faszinierte mich und mir wurde klar, dass es ihr Glaube an Gott und ihre Religion war, welche ihnen ungeachtet ihrer Glaubensrichtung diesen inneren Frieden gab.

Indien war die letzte Station meiner Reise. Die meisten Menschen, denen ich begegnete, verfügten über wenig materiellen Besitz oder Komfort, waren aber glücklich. Ich fühlte, dass die Hingabe an Gott, unabhängig von der Form, in der sie sich Gott vorstellten, alle Familienmitglieder vereinte und Freude in ihr Leben brachte.

Während ich heranwuchs, hörte ich Leute über Gott diskutieren, aber ich wusste zu dieser Zeit nicht, was ich glauben sollte, weil niemand, den ich bis dahin kennen gelernt hatte, Gott wirklich erfahren hatte. Nie eine wirkliche Beziehung zu Gott gehabt zu haben war wie eine Dürre, weswegen ich mich als Teenager von der Religion abwendete. Als ich dann mit dem Religionsbegriff, der im Hinduismus gelehrt wird, in Berührung kam, schien das Leben wieder einen Sinn zu bekommen. Ich hatte das Gefühl, dass die Ideale von selbstlosem Dienen, Disziplin und der Entwicklung guter Eigenschaften und Gewohnheiten das Leben sinnvoller und zu einer Herausforderung und Freude machten.

Nachdem ich in Indien gereist war und dort von der hinduistischen Lebensphilosophie gehört hatte, fühlte ich, dass dies tatsächlich die Antwort auf die Frage war, worum es im Leben eigentlich geht. Die Funktionsweise von Verstand, Emotionen und unterschiedlichen mentalen Fähigkeiten waren alle so wissenschaftlich und logisch beschrieben, dass sie es leicht machten, Religion zu verstehen. Die Vorstellung von Hingabe und von einem Gott, zu dem sich eine persönliche Beziehung entwickeln lässt, leuchtete mir ein.

Ich kehrte schließlich nach Australien zurück, wo ich einige Freunde wiedertraf, mit denen zusammen ich gereist war. Sie fragten mich, ob ich meditieren lernen wolle und luden mich

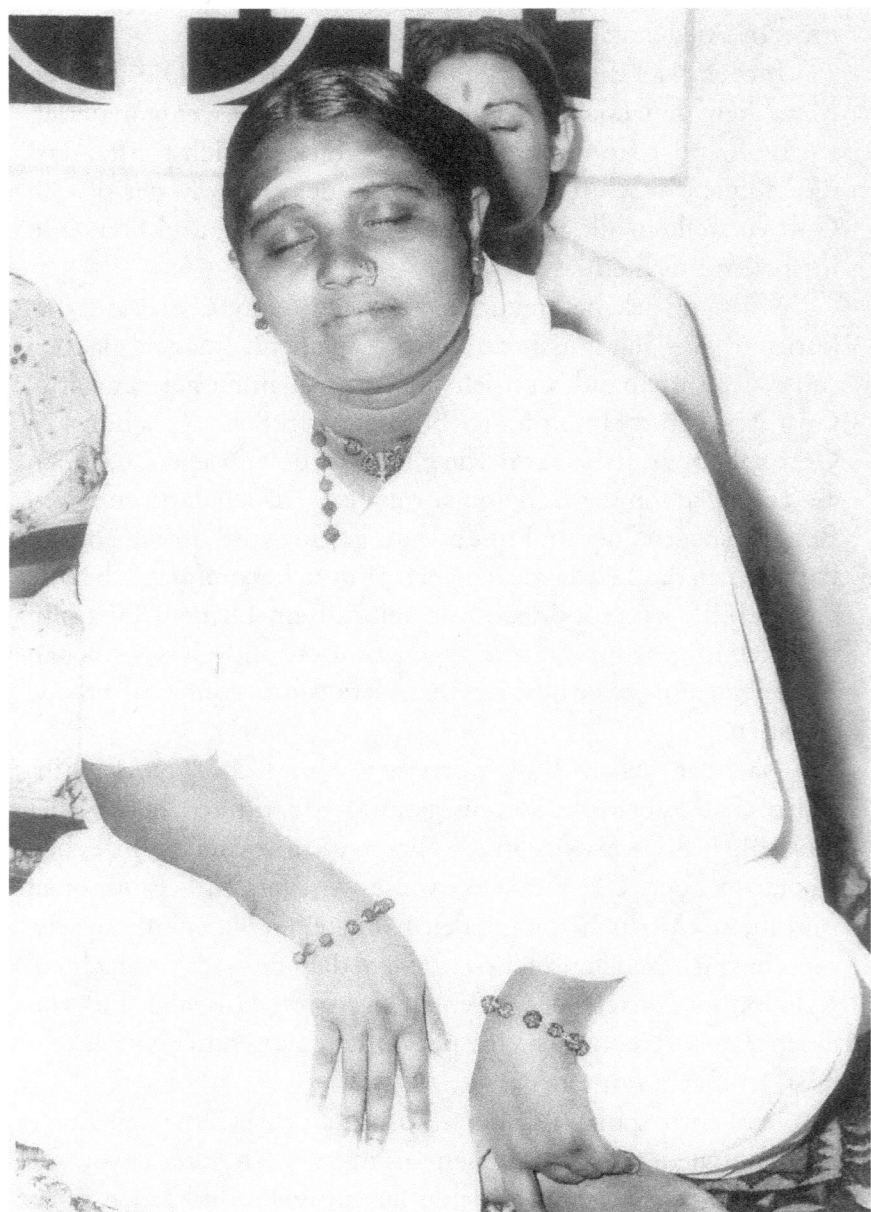

ein, an ihrer *satsang*-Gruppe teilzunehmen. Begeistert nahm ich
die Einladung an. Da es nach dem *satsang* ein Abendessen geben
sollte, brachte ich auch etwas mit – gefüllte Eier. Ich dachte, dass
sei eine prima Idee, aber die Anderen waren davon gar nicht
begeistert, sie aßen keine Eier. Ich freute mich jedenfalls darüber,
den spirituellen Wahrheiten zu lauschen. In jener Nacht kam
ich mit meinem unangerührten Teller gefüllte Eier und noch
etwas anderem nach Hause zurück: in den Hindu-Lehren hatte
ich alle Antworten auf meine Fragen über das Leben und seine
Bedeutung gefunden.

Zum ersten Mal in meinem Leben ergab das, was ich gehört
hatte, vollständigen Sinn. Die Wahrheiten des *sanaatana dharma*
(Hinduismus) aus alter Zeit, die erklären, dass Gott in jedem
Wesen wohnt, in dir und in mir, und dass es das Ziel menschlicher
Existenz ist, den Zustand der Gottverwirklichung zu erreichen,
berührten meinen innersten Kern und weckten irgendetwas in
mir auf. Ich hatte endlich die Antwort gefunden, nach der ich
gesucht hatte. Endlich verstand ich, worum es im Leben ging.
Ich erinnere mich noch, dass es mir auf dem Nachhauseweg vom
satsang so schien, als würde die ganze Natur frohlocken – der
Sonnenschein war herrlich, die Blätter an den Bäumen tanzten
in Glückseligkeit und die Vögel frohlockten droben am Himmel.

Nach kurzer Zeit reiste ich erneut nach Indien und begann
in einem *ashram* in Nordindien zu leben. Ich wohnte seit einem
halben Jahr dort, als ich das erste Mal von Amma hörte. Ich reiste
zu ihr und erkannte schon bald, dass ich in ihrer Nähe wohnen
und mich von ihr als meiner spirituellen Lehrerin und *guru* führen
und disziplinieren lassen wollte.

1982 wohnte ich zum ersten Mal in Ammas *ashram*. Nachdem ich mit mehreren tausend Menschen aus der ganzen Welt
in einer großen und gut entwickelten Institution gelebt hatte,
war es eine tiefgreifende und erfreuliche Überraschung, Ammas

bescheidenen kleinen *ashram* zu besuchen, in dem nur vierzehn Menschen in ein paar strohgedeckten Hütten lebten. Nach meiner Ankunft ging ich in die Hütte, in der Amma saß. Als sie mich sah, stand sie auf und eilte zu mir, um mich zu umarmen. Ich war total geschockt von der Liebe und Sanftmut, die Amma mir, einer völlig Fremden, entgegenbrachte. Amma war in jeder Hinsicht verschieden von ihnen. In den *ashrams*, die ich bis dahin besucht hatte, konnte man sich nur aus der Ferne verneigen, während der *guru* unberührt in sicherer Entfernung saß. Hier aber berührte Amma die *devotees*, sogar jene, die gerade zum ersten Mal zu ihr gekommen waren, mit einer Liebe und einem göttlichen Mitgefühl, von dem ich mir nie hätte vorstellen können, dass sie wirklich existieren.

Ich hatte damals schon einiges über *gurus* gehört und gelesen und sie mir immer auf einem Thron sitzend vorgestellt, zu dem die Menschen hochgingen, um eine Art unpersönlichen Segen zu empfangen. Ich war sogar schon mehreren spirituellen Meistern begegnet. Obwohl einige von ihnen auf ihre Art beeindruckend waren, schienen sie doch alle eher unzugänglich zu sein. Amma war dagegen völlig verschieden. Anders als die meisten *gurus* war Amma eine wunderschöne Frau, die erst neunundzwanzig Jahre alt war. Sobald ich den Raum betreten hatte, in dem sie sich aufhielt, empfing sie mich mit einer Vertrautheit, als wäre ich ihr eigenes Kind. „Niemand bringt Fremden so viel Liebe entgegen!", sagte mein Verstand immer wieder. Wie wenig wusste ich damals darüber, dass es für Amma keine Fremden gibt. „Hier ist jemand sehr ungewöhnliches, wirklich besonderes" dachte ich.

Ich brauchte ungefähr drei Wochen, um eine leise Ahnung davon zu bekommen, wie außergewöhnlich Amma tatsächlich war. Während ich sie tagelang beobachtete, dämmerte mir nach und nach, dass sie ein göttliches Wesen war. Sie war nicht bloß eine Heilige, wie ich zuerst gedacht hatte – sie war vollständig eins mit Gott, geradezu gottestrunken. Ich wurde Zeugin, wie sie in *samadhi* fiel, lachend und dann weinend im Sand lag, vollständig eingenommen von einer unglaublich unirdischen Liebe, die so greifbar wurde, wenn sie während der *bhajans* nach Gott rief. Ich spürte, wie meine Seele berührt wurde, wenn sie ihr Körperbewusstsein verlor und in eine göttliche Sphäre aufstieg, in die wir ihr nicht folgen konnten. Ihre kindliche Unschuld ließ sie manchmal wie ein Kind erscheinen, wie die beste Freundin und Spielgefährtin ihrer *devotees*. Bei anderen Gelegenheiten wurde sie dann plötzlich zur Mutter, zum *guru* oder zur spirituellen Führerin.

Ich schloss daraus, dass Amma eine gottverwirklichte Seele war...und doch passte sie in keine meiner Vorstellungen, wie gottverwirklichte Seelen zu sein hatten. Ich hatte von *gurus* gelesen, die den Menschen noch nicht einmal erlaubten, ihre Füße zu berühren, um nicht Energie zu verlieren, die sie durch *saadhana* gewonnen hatten. Hier aber war Amma, die sich solcher möglichen Gefahren überhaupt nicht bewusst war, die alle und jeden umarmte, die mit ihr in Berührung kamen, als gehörten sie ganz und gar zu ihr.

Manchmal schien sich Amma wie ein verrücktes Mädchen zu benehmen und bezeichnete sich sogar selbst als ein solches. Sie aß Nahrung vom Boden, spielte stundenlang mit Kindern, wurde eins mit ihnen und brach in unkontrolliertes Gelächter aus. Während der *bhajans* und des *darshans* verstummte sie manchmal mitten im Satz und ihre Augen verdrehten sich nach oben, während sie in *samadhi* glitt. Trotz ihres ungewöhnlichen Verhaltens war ich ohne jeden Zweifel davon überzeugt, dass sie Gott gesehen hatte und mir zu einer wirklichen Beziehung zu Gott verhelfen konnte. Ich hatte das Gefühl, dass ich in Amma vielleicht eine andere Art von Meisterin gefunden hatte, als ich mir je vorgestellt oder über die ich gelesen hatte. Es war klar, dass

Amma Gott nicht nur gesehen hatte, sondern mit dem Göttlichen eins geworden war.

Bevor ich Amma begegnete, dachte ich daran zu heiraten und eine Familie zu haben. Ich wollte auch immer reisen und die Welt sehen. Nach der Begegnung mit ihr fielen diese Wünsche einfach weg. Ich hatte die Antwort auf meine tiefliegendste Frage gefunden: „Worum geht es im Leben?" In Amma hatte ich nicht nur das Ziel und den Sinn des Lebens gefunden, sondern auch eine wunderschöne Meisterin, die mir helfen würde, mein Leben gemäß spirituellen Prinzipien zu leben. Nachdem ich von den großen spirituellen Wahrheiten gehört und sie in Amma vollständig verkörpert gefunden hatte, wusste ich, dass ich nicht mehr in den Westen zurückgehen konnte, um ein gewöhnliches Leben zu führen. Ich hätte nie mehr so tun können, als wäre ein solches Leben ein wahres Leben. Ich wollte den Rest meines Lebens in Ammas Dienst stellen.

Bevor ich Dich fand
war diese unwissende Seele zufrieden damit,
in der Welt der Täuschung zu wandeln.
Aber jetzt,
mit nur einem Tropfen Liebe
Deiner mitfühlenden Gestalt,
ist mein Herz ruhelos geworden
und sucht nur die Liebe zu Dir.
Mein Geist verzehrt sich nur noch
im Verlangen, Deiner gewahr zu werden.
Alles andere ist sinn- und nutzlos geworden.

Ich bin verloren in dieser verrückten Welt
mit meinem brennenden Herzen,
das sich danach sehnt, Dich zu lieben.
Die Tage ziehen vorbei
und Du bist noch immer so fern.
Diese unerfüllte Liebe zu Dir
ist schmerzlicher
als das Leben in der Welt der Täuschung.

Kapitel 3

Die Anfangstage

„Wer Ammas Worte und Taten verinnerlicht,
muss keine einzige heilige Schrift studieren.“
Amma

Bevor der *ashram* gebaut wurde, hatten wir nur das Notwendigste zum Leben. Es gab Zeiten, da es nicht einmal genug zu essen für alle gab. Dann ging Amma in die Nachbarhäuser und bat um etwas Reis für uns, damit sie uns zu essen geben konnte. Es gab nur sehr begrenzt Toiletten und Waschmöglichkeiten, aber irgendwie kamen wir mit dem wenigen, was wir hatten, immer zurecht.

Die Unterkünfte waren knapp. Am Anfang nutzten wir ein Zimmer in Ammas Elternhaus, nahmen bald jedoch das ganze Haus ein. Wenn Gäste kamen, mussten wir häufig unser eigenes Zimmer hergeben, da die Unterkünfte nicht für alle reichten. Einmal kamen die Frauen einer Familie, um im *ashram* zu wohnen. Amma bat meine Zimmergenossin und mich, ihnen unser Zimmer zu überlassen. Da es keinen anderen Schlafplatz für uns gab, schliefen wir in der kleinen Küche oder draußen im Sand. Die Familie entschloss sich, etwas länger zu bleiben.

Zwei Monate gingen vorüber. Wir beschwerten uns nie und schliefen zufrieden, wo immer wir einen Platz fanden, da wir das

Gefühl hatten, dass Amma testen wollte, wie losgelöst wir von den äußeren Umständen waren. Schließlich machte jemand Amma gegenüber die Bemerkung, dass wir immer noch keinen festen Platz zum Wohnen hätten. Amma zeigte sich überrascht, dies zu hören und sorgte dafür, dass die Familie woanders unterkam. So bekamen wir unser Zimmer schließlich zurück.

In jenen frühen Jahren gab es nicht immer Wasser aus der Leitung. Manchmal mussten wir Löcher in den Boden graben, um an das Grundwasser zu gelangen. Das Wasser floss nur langsam in die kleinen, handgemachten Brunnen und wir sammelten es zur Körperpflege und zum Waschen unserer Kleidung. Obwohl das Wasser zunächst frisch war, wurde es früher oder später brackig. Wenn unsere Körper wunde Stellen bekamen, wussten wir, dass es an der Zeit war, ein neues Loch zu graben.

Häufig sagte Amma uns, wo wir für unsere Wasserversorgung graben sollten. Eines Nachts kam Amma an meinem Zimmer vorbei und sagte: „Grabe bis morgen früh genau hier ein Loch." Ich war überrascht, da sie auf einen Punkt direkt vor meiner Tür zeigte und ich mir nicht vorstellen konnte, dort einen Brunnen zu finden. Natürlich war das Loch bis zum nächsten Morgen gegraben und Wasser war durch die Erde nach oben gedrungen, womit wir unseren Wasservorrat für die kommenden paar Wochen hatten. Amma wusste, wie sie für uns sorgen musste und gab uns genau das, was wir brauchten.

Amma hatte immer ihren eigenen Weg, ihre Lektionen zu erteilen. Wenn jemand einen Fehler gemacht hatte und sie uns das, was wir daraus lernen konnten wirklich deutlich machen wollte, nahm sie die Strafe manchmal auf ihren eigenen Körper, anstatt die betreffende Person zu ermahnen. Ihr Körper war uns so heilig, dass uns dies viel nachhaltiger beeindruckte, als wenn sie uns gerügt hätte. Einmal, als jemand etwas falsch gemacht hatte, begann Amma, eine große, schwere Dose Milchpulver

auf ihre Hand zu schlagen. Als sich alles beruhigt hatte, nahm ich ein kaltes, feuchtes Tuch und legte es zur Linderung auf ihre Hand. Amma sah mir dabei zu und lächelte. Als ich mit dem Verarzten fertig war, flüsterte sie mir schelmisch ins Ohr: „Es war die andere Hand."

Amma lehrte uns etwas, indem sie es uns vorlebte. Vor vielen Jahren, als der *ashram*-Tempel gebaut wurde, konnten wir Amma im Mondschein auf der Baustelle herumlaufen sehen. Immer wieder bückte sie sich, um etwas vom Boden aufzuheben. Obwohl es das Ende eines langen Tages mit öffentlichem *darshan* war, wollte sie die Zeit, die ihr zur Erholung blieb, damit verbringen.

Ein *brahmachari* ging zu ihr und sagte: „Amma, was tust Du da? Du solltest Dich lieber ausruhen." Amma erwiderte: „Sohn, Amma sammelt diese rostigen Nägel auf." Der junge *brahmachari* fragte sich, warum sie dies zu so später Stunde noch tat, wo sie doch schlafen sollte. Amma sagte: „Es kommen viele arme Leute in diesen *ashram*. Was, wenn ein Familienvater in einen Nagel tritt und sich sein Fuß entzündet? Er müsste vielleicht ins Krankenhaus und wer würde sich dann um seine Familie kümmern? Außerdem können wir diese rostigen Nägel geradebiegen und für den Tempelbau verwenden oder wir können sie als Schrott verkaufen." Der *brahmachari* war sprachlos, während er über die Weisheit hinter Ammas allumfassender Liebe und bloßer körperlicher Energie nachdachte. Obwohl sie sich schon den ganzen Tag mit den persönlichen Problemen der Menschen beschäftigt und sie getröstet hatte, hatte Amma auch jetzt noch die Voraussicht, sie vor Schaden zu bewahren, den sie während des Besuchs im *ashram* erleiden könnten.

Einmal, als Amma mit den *ashram*-Bewohnern zu Mittag aß, stieß sie ihr Glas mit Buttermilch um und der Inhalt floß auf den Betonboden. Ich eilte, um einen Lappen zu holen, aber Amma hielt mich auf und trank die Buttermilch anschließend direkt vom Boden. Zwei westliche Besucher, die das mitbekamen, sahen sich schockiert an. Sie verließen den *ashram* bald darauf - offensichtlich waren sie für solch eine fortgeschrittene Lektion noch nicht reif genug.

In jenen frühen Tagen des *ashrams* gab Amma zusätzlich zu den täglichen *darshan-* und *bhajan*-Programmen dreimal pro Woche *bhava-darshan*. Obwohl Amma *Krishna-bhava-darshan* nur bis 1985 gab, gibt sie gelegentlich immer noch *Devi-bhava-darshan*. Über diesen besonderen *bhava-darshan* sagte Amma einmal: „Alle Gottheiten des Hindu-Pantheons, welche die zahllosen Aspekte des einen Höchsten Wesens repräsentieren, existieren in uns. Jemand, der göttliche Kräfte besitzt, kann jeden dieser Aspekte aus bloßem Willen heraus zum Wohle der Welt manifestieren. *Krishna-bhava* ist die Manifestation des Aspektes des reinen Seins, *Devi-bhava* die Manifestation des ewig Weiblichen, der Schöpferin und des aktiven Prinzips des unpersönlichen Absoluten. Warum sollte ein Anwalt eine schwarze Robe tragen oder ein Polizist eine grüne Uniform mit Hut? Das alles sind nur äußere Hilfen, um ein bestimmtes Gefühl oder einen bestimmten Eindruck zu wecken. In ähnlicher Weise verkleidet sich Amma als *Devi*, um der Hingabe der Menschen, die zum *darshan* kommen, Kraft zu verleihen. Ammas Absicht ist es, den Menschen zu helfen, die Wahrheit zu erlangen. Der *aatman* oder das Selbst, das in mir ist, ist auch in Euch. Wenn Ihr das Gesetz der Unteilbarkeit, das stets in Euch scheint, erkennen könnt, werdet Ihr selbst zu diesem.‟

Diese *bhava-darshan*-Programme begannen am späten Nachmittag mit *bhajans*, gefolgt von *Krishna-bhava*. Amma nahm die Stimmung und das Gewand von *Krishna* an, empfing anschließend alle *devotees* einzeln und gab ihnen bis gegen Mitternacht den Segen und *prasaad* von *Krishna*. Anschließend umarmte sie als *Devi* alle *devotees* erneut. Dieser Teil des Programms dauerte bis zum Tagesanbruch.

Nach ein oder zwei Stunden Ruhepause, wenn überhaupt, fuhren wir zu verschiedenen Plätzen in Kerala, um in den Häusern *bhajans* zu singen und *puujas* durchzuführen. Häufig übernachteten wir dort und kehrten erst am nächsten Tag zum *ashram* zurück, gerade rechtzeitig zum Beginn eines neuen *bhava-darshans*.

Nachdem ich eine kurze Zeit im *ashram* gelebt hatte, bat Amma mich, die Aufgabe zu übernehmen, sie während der *bhava-darshans* mit dem zu versorgen, was sie brauchte. Das war eine große Ehre und Freude für mich, aber auch sehr schwierig, da ich kein *malayaalam* verstand. Häufig musste ich einfach raten, worum sie mich bat. Amma machte sich häufig lustig darüber, dass ich ihr das völlige Gegenteil von dem geben würde, um das sie gebeten hatte.

In jenen Tagen kümmerte sich Amma während der *bhava-darshans* nie um sich selbst. Sie gab nur. Sie hob nicht einmal die Hand, um sich das Gesicht abzuwischen oder einen Schluck zu trinken. Auf diese Weise lehrte sie uns die vollständig selbstlose Natur der göttlichen Mutter. Selbst heute noch nimmt Amma beim Essen oder Trinken nie alles zu sich, was ihr dargebracht wird. Sie lässt immer etwas übrig, als zeigte sie uns, dass auch wir nicht alles für uns behalten, sondern der Schöpfung immer etwas zurückgeben sollten.

Während des *Krishna-bhava* hielt ein örtlicher *devotee* die Tradition aufrecht, Amma einen Topf Milch zu bringen, da *Krishna* Milchprodukte liebte. Amma trank sie nicht selbst, sondern ließ den *devotee* einen Schluck davon in ihren Mund gießen. Am Ende gab sie allen, die bis zum Ende des *darshans* im *kalari* verbliebenen waren, einen Schluck als *prasaad*, indem sie die Milch einem nach dem anderen in den Mund goss.

Eines Abends hatte ich Amma ein Glas Saft angeboten. Während ich ihr das Glas zum trinken hinhielt, stieß ich mit der Kante aus Versehen gegen ihre Zähne. Ich fühlte mich schrecklich deswegen, da ich wusste, dass es nur aufgrund meiner Achtlosigkeit passiert war. Stunden später, gegen Ende des *darshan* brachte der *devotee* Amma - als *Krishna* - etwas Milch dar, von der sie anschließend den anderen gab. Als sie zu mir kam, stieß sie den Behälter mit einem schelmischen Grinsen gegen meine Zähne, anstatt mir die Milch in den Mund zu gießen. Dies überraschte mich sehr, erinnerte mich aber an meine vorherige Achtlosigkeit und verdeutlichte mir, wie wichtig es ist, alle Handlungen in Ammas Nähe konzentriert und achtsam auszuführen. Für einen spirituell Suchenden sind äußerste *shraddhaa* und Konzentration sehr wesentlich. Amma erinnerte mich auf ihre unnachahmliche Art und Weise an diesen absolut wichtigen Grundsatz.

Während des *Devi-bhava-darshans* war es meine Aufgabe, Ammas Gesicht abzuwischen. Obwohl ihr Körper nie Schweiß absonderte, tat es ihr Gesicht manchmal doch, da es im *kalari* keine Fenster gab und es immer sehr heiß und voller Menschen war. Tatsächlich war die Hitze manchmal so heftig, dass wir versuchten, die Temperatur zu senken, indem wir Wasser an die Wände schütteten.

Amma mochte es, wenn nach einigen Umarmungen immer wieder ihr Gesicht abgewischt wurde und es war meine Aufgabe, den richtigen Moment dafür abzupassen. Ich schreckte oft davor zurück, der göttlichen Mutter ein Handtuch ins Gesicht zu drücken, aber es war meine Aufgabe.

In jenen Tagen erschien Amma häufig, in der Gestalt *Devis* in meinen nächtlichen Träumen und sah mich durchdringend an, als wolle sie sagen: „Willst Du mir denn wohl mein Gesicht abwischen?" Diese Träume waren so real, dass ich mir sicher war, dass Amma dort bei mir im Zimmer war. Manchmal sprang ich noch

schlafend von meiner Matte auf, suchte nach dem Gesichtstuch und fühlte mich sehr schuldig, weil ich mich schlafen gelegt hatte. Als ich dann schließlich aufwachte und merkte, dass es nur ein Traum war, entschuldigte ich mich bei Amma für das Schlafen und legte mich wieder hin. Was hätte ich sonst auch tun sollen?

Manchmal teilte ein anderes Mädchen das Zimmer mit mir und fragte mich, warum ich denn mitten in der Nacht aufstehen würde? Ich hatte diese Träume mindestens einmal pro Woche, manchmal sogar mehrmals. Das ging ein paar Jahre so, bis es schließlich aufhörte. Ich hatte den Eindruck, dass Amma versuchte, mich immer wieder daran zu erinnern, dass ich zu viel schlafen würde.

Eines Nachts bot Amma mir an, bei ihr im Zimmer zu schlafen. Manchmal ließ sie uns wenige Mädchen, die im *ashram* wohnten, bei sich im Zimmer schlafen - als besondere Gelegenheit, ihr nahe zu sein. In dieser Nacht war es etwas ganz Besonderes, es war nämlich *Krishnas* Geburtstag. *Mahaatmas* schlafen nie wirklich, da sie sich immer in vollem Gewahrsein befinden. Dennoch legte sich Amma zu diesem Anlass schließlich auf den Balkon ihres Zimmers schlafen und ich mich nahe zu ihren Füßen.

Schon bald nachdem ich eingeschlafen war, hatte ich einen unglaublichen Traum: Ich hatte ein Buch entdeckt, in dem alle Geheimnisse des Universums enthalten waren. Nach einiger Zeit fand ich mich laut nach *Devi* rufend wieder, die Handflächen in Gebetshaltung über meinem Kopf gefaltet. Meine Rufe nach *Devi* hatten Amma geweckt. Sie langte zu mir herüber, legte ihre Hand auf meinen Kopf und sagte: „*mol* (Tochter), *mol*", um mich zu beruhigen. Es war mir peinlich, Ammas Nachtruhe gestört zu haben, aber sie sagte nichts weiter. Wir legten uns beide wieder hin und ich träumte einen anderen tiefen Traum von der Göttin des Universums.

Als ich am nächsten Morgen aufwachte, schlich ich mich leise hinaus, um Amma nicht noch mehr zu stören, als schon geschehen. Später am Tag, als sie von ihrem Zimmer herunterkam, ging ich zu ihr hinüber und fragte: „Amma, ist letzte Nacht etwas passiert?" Sie sagte: „Ich dachte die ganze Zeit, Du seiest eine *Krishna-devotee*, aber in dieser Nacht hast Du nach *Devi* gerufen!" Ich fragte Amma, was wirklich passiert war, ob es ein Traum oder tatsächlich eine spirituelle Erfahrung war. Amma erwiderte: „Teils Traum, teils Erfahrung. Es ist der Anfang wirklicher Hingabe. Schon allein der Atem eines *mahaatmas* genügt, Menschen spirituelle Erfahrungen zu ermöglichen." Es hatte also eigentlich gar nichts mit mir zu tun, denn es war Ammas Atem, der dies in mir bewirkt hatte.

Die frühen Tage mit Amma waren von unglaublicher Glückseligkeit gefüllt. Sie verbrachte einen Großteil des Tages und der Nächte versunken in *samaadhi*. Wenn wir sie betrachteten, regneten Frieden und Glückseligkeit auf uns hernieder. Wenn sie nicht in Liebe zu Gott eingetaucht war, verbrachte Amma ihre Zeit damit, jene von uns zu lieben, die das Glück hatten, bei ihr zu sein. Sie konnte diese Liebe nicht verbergen oder für sich behalten, da die Liebe in jeder ihrer Zellen vibrierte und aus jeder Pore ihres Körpers strömte.

O Herr des Mitgefühls,
wie bist Du nur zu diesem Namen gekommen,
wenn Du doch ohn' Unterlass
mein schmerzendes Herz verspottest?
Ich weiß nichts von Deinem Mitgefühl.
Ich warte brennenden Herzens
sehnsuchtsvoll auf Deine Gnade.

Wie viele Tränenströme muss ich weinen?
In wie vielen Feuern
muss mein gequältes Herz brennen?
Hast Du so die armen gopis und Raadhaa verspottet,
die Dich vor so langer Zeit liebten?
Schämst Du Dich nicht?

Erbarme Dich unserer armen Seelen
und befreie uns von der Welt des Kummers.

Kapitel 4

Das Mitgefühl des gurus

„Jeder einzelne Tropfen von Ammas Blut,
jeder einzelne Funke ihrer Energie
ist für ihre Kinder.
Der Zweck dieses Körpers
und von Ammas ganzem Leben
ist es, ihren Kindern zu dienen."

Amma

Die Liebe, die ein *guru*[1] für einen Schüler empfindet, ist wahrlich die größte Liebe in dieser Welt. Keine andere Liebe kann mit dieser Art von selbstloser göttlicher Liebe verglichen werden.

Die Mutter, die uns geboren hat, wird sich nur einige Jahre lang um uns kümmern und heutzutage tun viele Mütter nicht einmal mehr das. Die Liebe hingegen, die Amma für uns empfindet, ist eine völlig andere. Sie ist unglaublich tief und allumfassend. Um unsertwillen ist sie bereit, jedes Opfer auf sich zu nehmen.

Amma ist eine vollständig gottverwirklichte Meisterin, die selbst kein *karma* hat und keinerlei Verpflichtung, zur Erde

---

[1] *guru* (Sanskrit) ist ein neutrales Wort und bedeutet einfach nur LehrerIn. Das kann ein spiritueller Lehrer sein, aber auch ein Sprachen- oder sonstiger Lehrer. Es wird auch als respektvolle Anrede für einen solchen benutzt. In diesem Buch bezieht sich *guru* auf einen spirituellen Lehrer.

zurückzukommen. Wenn sie wollte, könnte sie, wenn sie ihren Körper verlässt, für immer im Zustand höchster Glückseligkeit und höchsten Friedens verweilen und niemals mehr in diese Welt des Leidens und der Unwissenheit zurückkehren. Sie sagt, dass sie um unserer Befreiung willen wiederkehren wird und, dass sie bereit ist Leben für Leben zurückzukehren, um uns zum Ziel der Gottverwirklichung zu führen. Nirgendwo im Universum kann es eine größere Liebe geben als diese. Wir sollten uns sehr gesegnet fühlen, dass Amma diese Liebe für uns empfindet und uns glücklich schätzen, dass wir zu ihr gekommen sind und begonnen haben, diese Liebe zu erfahren.

Es gab einmal einen Schüler, der im *ashram* seines *gurus* lebte. Im Geiste hegte er noch weltliche Wünsche, also schickte der *guru* ihn fort, um zu heiraten und das Verlangen seines Gemüts zu befriedigen. Er sagte ihm, er solle nach zehn Jahren zurückkehren. Als zehn Jahre verstrichen waren, hatte der Schüler mehrere Kinder und war wohlhabend geworden. Da besuchte ihn sein *guru* und erinnerte ihn, dass es jetzt an der Zeit sei, zum spirituellen Leben zurückzukehren, aber der Mann sagte, dass seine Kinder noch jung seien und ihn noch bräuchten. Er wolle noch ein paar Jahre bleiben, um sie großzuziehen und anschließend zum *ashram* zurückkehren.

Weitere zehn Jahre vergingen. Wieder besuchte ihn der *guru*. Diesmal sagte der Schüler, dass, obwohl seine Frau inzwischen gestorben war und die Kinder erwachsen waren, sie noch immer nicht wüssten, wie sie ihren Verantwortungen richtig nachkämen und die Gefahr bestünde, dass sie seinen Reichtum verschwendeten. Er bräuchte also noch ein paar Jahre, damit sie vollständig erwachsen werden könnten.

Weitere sieben Jahre vergingen. Als der *guru* diesmal zum Haus des Schülers kam, wurde das Tor von einem großen Hund bewacht. Der *guru* erkannte den Hund – es war sein Schüler. Er

war ein paar Jahre zuvor gestorben und als Wachhund wiedergeboren worden, weil er noch sehr an seinem Reichtum und seinen
Kindern hing. Der *guru* kniete nieder und rief den Hund zu sich.
Der Hund sagte: „Meister, in ein paar Jahren werde ich zu Dir
zurückkehren. Meine Kinder befinden sich auf dem Gipfel ihres
Glücks und haben einige eifersüchtige Feinde, vor denen ich sie
beschützen muss, bevor ich gehen kann."

Zehn Jahre später kehrte der *guru* erneut zurück. Der Hund
war gestorben und der *guru* sah, dass der Schüler aufgrund seiner
Anhaftungen nun als Giftschlange wiedergeboren war, die im
Haus unter dem Safe lebte. Er beschloss, dass es an der Zeit sei,
seinen Schüler von der Täuschung zu befreien. Er sagte dem Enkel
des Schülers, dass sich eine Giftschlange im Haus aufhielt und
wies ihn an, sie nicht zu töten, sondern ihr nur eine ordentliche
Tracht Prügel zu verabreichen und sie anschließend zu ihm zu
bringen. Seine Anweisungen wurden befolgt.

Der *guru* hob die übel zugerichtete Schlange auf, streichelte
sie zärtlich und wickelte sie anschließend vorsichtig um seinen
Hals. Während er zu seinem *ashram* zurückging, sprach er liebevoll mit der Schlange: „Lieber Schüler, noch nie konnte jemand
seine Verlangen befriedigen, indem er ihnen nachgab. Das Gemüt
kann niemals zufrieden gestellt werden. Unterscheidungskraft ist
Deine einzige Zuflucht. Wach auf! Zumindest in Deiner nächsten Geburt kannst Du das Höchste verwirklichen." In diesem
Augenblick erinnerte sich die Schlange ihrer vorherigen Identität
und war verblüfft. „*Gurudev*, wie gnädig Du bist! Obwohl ich
mich als so undankbar erwiesen habe, bist Du mir gefolgt und
hast in jedem Augenblick auf mich aufgepasst. O *gurudev*, ich
ergebe mich zu Deinen Lotosfüßen!"

So wie der *guru* in der Geschichte ist Amma bereit, ganze
Leben lang auf uns zu warten und uns in allen unseren zukünfti-
gen Inkarnationen aufzusuchen, um uns zur Befreiung zu führen.

Das ist reine Liebe, Liebe, die niemals schwinden wird, Liebe, die alles annimmt und bereit ist, immer auf uns zu warten. Amma verkörpert diese Liebe.

Nur Amma weiß, was göttliche Liebe wahrhaftig ist. Wir werden die Liebe, die sie für uns empfindet, nie wirklich verstehen können. Sie liegt jenseits unseres Vorstellungsvermögens, jenseits von allem, was wir uns vorstellen können. Wir haben nicht einmal die Tiefe, mehr als einen Vorgeschmack davon zu erfahren, aber selbst ein bloßer Vorgeschmack beweist uns, dass Ammas Liebe die reinste ist, die es überhaupt geben kann.

Am Ende eines *Devi-bhava-darshans* in Indien hatte die Familie eines der Mädchen, die im *ashram* leben, die Gelegenheit, die *pada puuja* durchzuführen. Amma wusste, dass diese Familie sehr arm war und fragte sich, wie sie sich wohl die lange Zugreise zum *ashram* hatten leisten können. Nachdem ihre Füße liebevoll in Joghurt, *ghee*, Honig und Rosenwasser gebadet worden waren, war Amma überrascht, als der Vater ein Paar wunderschöne goldene Fußkettchen hervorholte und diese ehrerbietig um ihre Fußgelenke legte. Sie fragte ihn, woher er denn das Geld dafür hätte, aber er antwortete nicht. Einer seiner Freunde vertraute Amma später an, dass er das Geld geliehen hatte, sowohl das für die Reise, als auch das für die Fußkettchen; von einem Geldverleiher zu einem sehr hohen Zinssatz, nur um den Wunsch seiner Familie erfüllen zu können, das Verehrungsritual für Ammas Füße durchzuführen.

Amma sagte uns später, dass sie fühlte, dass diese Familie, während sie die *puuja* durchführte, wirklich vollkommen hingegeben war. Sie führten die Zeremonie mit soviel Hingabe und Aufrichtigkeit durch, dass ihr Tränen in die Augen stiegen und sie fühlte, wie sie kleiner und kleiner wurde, bis sie buchstäblich in ihre Herzen eintrat. Sie sagte, dies sei geschehen, weil die Haltung der Familie so vollständig rein war. Amma sagte, dass die wahre Bedeutung in der Durchführung der *pada puuja* darin bestünde, die höchste Wahrheit zu verehren, die in der Gestalt des *guru* verkörpert sei. Durch die Anbetung der Füße des *guru* drücken wir unsere Demut und vollständige Selbsthingabe aus.

Diese Menschen waren so glücklich, die Gelegenheit zu haben, Ammas Füße zu verehren, obwohl sie sich dafür sehr verschulden mussten. Amma empfand so viel Mitgefühl für sie, dass sie später jemandem sagte, er solle versuchen, ihnen finanziell zu helfen, ohne dass sie davon erführen. Obwohl ihr schon Diamanten und wertvolle Geschenke aller Art dargebracht wurden, ist das größte und wertvollste Geschenk für Amma ein reines und selbstloses Herz.

Während eines *retreats* in Australien kam ein Mädchen zu mir, dem die Tränen das Gesicht hinunterliefen. Sie sagte: „*Swaamini*, ich muss Dir erzählen, was gerade passiert ist. Amma ist so unglaublich wunderbar, aber wie viele von uns erkennen das?" Sie erklärte mir, dass sie sich während des Morgenprogramms inspiriert gefühlt hatte, zu Amma zu gehen und sie zu bitten: „Amma, was kann ich tun, um Deinen Kindern zu dienen?" Amma war sehr glücklich, diese Frage zu hören, gab dem Mädchen einen Apfel und etwas heilige Asche und sagte ihr, sie solle sie einer kranken Frau bringen, die zwar zum *retreat* gekommen, aber zu krank war, um an den Programmen teilzunehmen. Amma bat das Mädchen auch, der Frau zu sagen: „Denke daran, dass Amma immer bei Dir ist."

Sie ging in das Zimmer der Frau und richtete ihr aus, was Amma gesagt hatte. Anschließend trug sie etwas heilige Asche auf die Stirn der Frau auf, schnitt den Apfel in kleine Stücke und bemühte sich, es ihr so angenehm wie möglich zu machen. Die ganze Zeit über blieb die Frau sehr still. Schließlich sagte sie dem Mädchen, dass sie gerne ein bisschen allein sein wolle. Als das Mädchen das Zimmer verlassen wollte, rief die Frau sie zurück.

Mit Tränen in den Augen sagte sie: „Weißt Du, ich bin schon sehr lange krank. Ich war es so sehr leid, in diesem Zustand zu leben, dass ich heute Morgen kurz davor war, mir das Leben zu nehmen. In diesem Augenblick kamst Du mit dem *prasaad* von Amma. Jetzt weiß ich, dass sie mich liebt und an mich denkt und fühle die Kraft weiterzuleben. Ich möchte einfach nur Danke sagen."

Die Menschen suchen nach zahllosen Wegen, dem Schmerz des Lebens in der Welt zu entkommen, aber die meisten davon stellen sich als Sackgassen heraus. Wenn sie nicht wissen, wohin sie sich wenden sollen, enden sie häufig in Verzweiflung. Diejenigen jedoch, die das Glück hatten, Amma zu finden, haben in ihr eine echte Zuflucht gefunden, einen immer gegenwärtigen Schutz und das göttliche Mitgefühl eines lebenden *mahaatmas*. Unzählige Menschen, die jahrelang in einem Labyrinth der Täuschungen umherwanderten und nicht wussten, wohin sie sich mit ihrem Kummer wenden sollten, haben in Amma ein offenes Tor zur Freiheit gefunden. Nachdem sie das Gewicht lebenslanger Leiden getragen haben, wurde ihnen dieses schließlich von den Schultern genommen. Amma hat ihnen Frieden geschenkt.

Die großen Meister, die den Zustand der Gottverwirklichung erreicht haben, sehen das Wesen der Schönheit und Göttlichkeit in allem und erkennen jeden als eine Verkörperung des Göttlichen. Sie sehen die Welt genauso wie ein unschuldiges Kind und erkennen ihr eigenes Selbst mühelos überall.

Ammas öffentliche *darshan*-Programme in Indien werden immer von Tausenden von Menschen besucht. Manchmal kommen über 90.000 zu einem einzigen Programm. Dennoch sieht Amma die Göttlichkeit in jeder einzelnen Person, die zu ihr kommt. Unermüdlich schenkt sie allen ihre göttliche Liebe und überschüttet jeden Menschen, selbst noch nach zweiundzwanzig Stunden ununterbrochenem *darshans,* mit der gleichen Liebe und Aufmerksamkeit. Selbst wenn ihr eigener Körper schmerzt, was

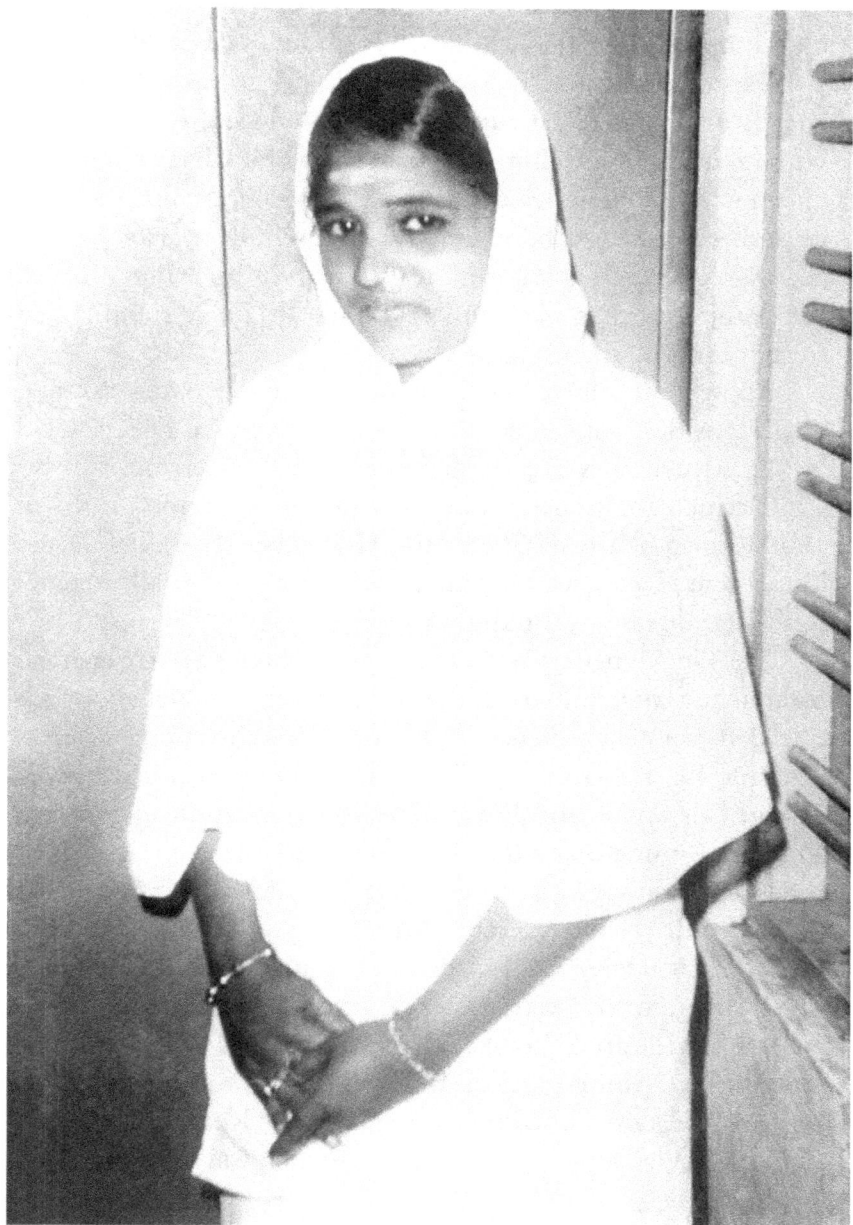

häufig der Fall ist, denkt sie ausschließlich an die Bedürfnisse und das Wohlergehen der Menschen und niemals an das ihre.

Beim Programm in Mangalore 2004 setzte Amma sich abends um halb sieben zum Programm und *darshan*. Um vier Uhr am nächsten Nachmittag gab sie immer noch *darshan*. Und nicht nur *darshan*, sie beantwortete auch Fragen, erteilte Ratschläge und erkundigte sich, ob die Wartenden in der *darshan*-Reihe gegessen oder sich ausruht hätten. Wie groß ihr Mitgefühl ist, das ununterbrochen nach außen strömt, um die Menschheit zu trösten und zu erheben.

Als wir im selben Jahr in Jaipur waren, versprach Amma, zum Haus des Gouverneurs zu gehen, um ihm zu helfen, Geld an die Armen zu verteilen. Jeden Montag traf er mit 800 bis 1000 armen Menschen zusammen und gab jedem von ihnen 1000 Rupien (Anm. d. Übers.: 1000 R. sind ca. 20 €). Im Garten hinter dem Haus des Gouverneurs sahen wir, wie sie alle in einer Reihe standen und geduldig warteten.

Der Gouverneur war ein charmanter, älterer Herr, der einen Safarianzug trug. Er hatte Turnschuhe an, um sich leicht bewegen und den Menschen dienen zu können. Er sagte immer wieder: „Amma, Du hast mir den Weg gezeigt, Du hast mir den Weg gezeigt." Es war so anrührend, einen solch mitfühlenden Mann zu sehen. Amma fragte ihn nach den Anschriften all der armen Menschen und sagte, dass sie versuchen würde, ihnen irgendwie zu helfen. Er erwiderte: „Aber Amma, es gibt Hunderttausende von Menschen wie diese." Dennoch bestand Amma darauf, dass sie für sie tun würde, was immer ihr möglich sei. Es war solch ein Schock, so viele arme, kranke oder deformierte Menschen auf einmal zu sehen. Amma sagte, sie war wie betäubt vor Schmerz, sie so zu sehen. Sie kann ohne Probleme einen toten Körper anschauen, aber das Leiden so vieler lebender Menschen war zu viel.

Der Körper einer jungen Frau war vollständig eingegipst. Ihr Mann und seine Familie hatten sie in einen Brunnen geworfen, weil sie der Familie ihres Mannes keine ausreichende Mitgift gegeben hatte. Anderen Menschen fehlten Gliedmaßen. Als wir zu zwei kleinen Kindern kamen, die schwere Verbrennungen aufwiesen, konnte ich meine Tränen nicht zurückhalten. Eines war drei Jahre alt. Er hatte nur noch ein Ohr und anstelle seiner Augen waren da nur noch zwei ovale Höhlen rohen Fleischs. Es war ein Anblick, der einem das Herz brechen konnte und meinem Gedächtnis für immer eingebrannt bleiben wird. Sie sagten, ihre Familie hätte die Miete nicht mehr zahlen können, darum sei ihre Hütte niedergebrannt worden. Amma hielt das Kind und fragte es nach seinem Namen. Er antwortete ihr mit süßer Stimme: „Akash" und lachte, als Amma seinen deformierten Körper vorsichtig umarmte. Wir waren alle erstaunt, dass er immer noch lachen konnte. Er spielte mit Ammas *rudraksha*-Kette, die sie um ihren Hals trug. Es war herzzerreißend ihm zuzusehen und wir kämpften alle damit unsere Tränen zurückzuhalten.

Im Auto sprachen wir darüber, wie tragisch der Anblick der verbrannten Kinder war. Amma sagte plötzlich, dass sie glaube, dass es den Kindern absichtlich angetan worden sei, um Mitgefühl und Geld zu bekommen. Uns drehte sich der Magen um, als wir daran dachten, wozu sich Menschen aus Armut getrieben sehen. Amma hat in ihren Ansprachen häufig erklärt, dass Armut unser größter Feind ist. Nachdem ich dies gesehen hatte, konnte ich Ammas Worte wirklich verstehen.

Im Februar 2002 reisten wir nach Gujarat, wo im Jahr zuvor ein Erdbeben die gesamte Gegend verwüstet hatte. Amma nahm an der Eröffnungszeremonie für die drei Dörfer teil, die der *ashram* für die Erdbebenopfer wiedererrichtet hatte. Es waren viele Journalisten und Fernsehsender anwesend, die an einem Interview mit Amma interessiert waren.

Niemand hatte diesen drei Dörfern helfen wollen, daher hatte sich der *ashram* verpflichtet, sie wiederaufzubauen. Wir waren die erste Organisation, die diese Gebäude vollständig fertiggebaut hatte – 1.200 Häuser. Aufgrund der zusätzlich vorgenommenen Baumaßnahmen waren es nun die erdbebensichersten Häuser in der Region. Auch andere Organisationen waren gekommen und hatten angefangen zu bauen, aber die meisten von ihnen waren wieder abgezogen, als die Kosten zu hoch oder die Arbeiten zu schwierig geworden waren. Ammas Anhänger jedoch blieben und kämpften sich durch all die immensen Hindernisse, denen sie begegneten. Ihre Liebe und ihr Engagement gab ihnen die Stärke, viele wiederkehrende Anfälle von Malaria, hohem Fieber und Schwäche zu durchzustehen. Sie kämpften sich mit der Arbeit durch Regen, sengende Hitze und so viele schwierige Situationen, von denen wir uns kein Bild machen können.

Ammas Liebe und Mitgefühl für die leidende Menschheit gab ihnen die Inspiration und Stärke, die schönsten Dörfer zu errichten, die in Gujarat je gebaut wurden. Diese Dörfer werden jetzt als Beispiel für die herausragende Arbeit verwendet, die von engagierten Einzelpersonen geleistet werden kann. Sie werden von der indischen Verwaltung als Modelle verwendet, wie ein Projekt effizient durchgeführt und beendet werden sollte.

Nachdem ein Reporter einer der großen Fernsehsender Amma interviewt hatte, berichtete er uns, abseits der Kamera, von vielen traurigen und erschreckenden Fällen von Korruption und Betrug, welche nach dem Erdbeben in der Region aufgetreten waren. Nur sehr wenige Menschen hatten zum Ausgleich für den erlittenen Verlust Geld von der Verwaltung erhalten. Eine Frau hatte 2800 Rupien bekommen, aber ein Ingenieur hatte von ihr 2000 Rupien für Arbeiten genommen, die an ihrem Haus durchzuführen waren. Selbst dann aber war sie sich nicht sicher, ob jemals etwas für sie getan werden würde. Es war traurig, von der Not so vieler Menschen zu hören.

Der Reporter war beeindruckt, als er sah, was Ammas Arbeiter geleistet hatten und wie unermüdlich ihr Engagement war. Er wollte uns das ganze Material geben, das er in seiner Untersuchung aufgedeckt hatte, damit jemand die Korruption aufdecken und den Menschen helfen könnte. Amma nahm das Material zögerlich an, aber ich wusste, dass sie es nicht verwenden würde. Es ist nicht ihr Weg die Fehler anderer herauszustellen, sondern einfach ein gutes Vorbild zu sein.

Am selben Abend wurde das Programm in einem der neu errichteten Dörfer, das aus 700 Häusern bestand, abgehalten. Als Amma zum Programmbeginn erschien, kamen die Einheimischen zu Tausenden, um sie zu begrüßen. Sie hatten eine einfache Pferdekutsche geschmückt und wollten, dass sie darin als ihr Ehrengast fuhr. Normalerweise macht Amma solche Dinge nicht, aber aufgrund dieser unschuldigen und liebeswürdigen Geste lächelte sie und erklärte sich in aller Bescheidenheit damit einverstanden. Sie bestieg den Wagen und wurde von den Dorfbewohnern als Ehrengast gefahren, begleitet von Tausenden von Stimmen, die „*Om namah Shivaya*" und „*Om Amriteshwaryai namah*" riefen. Amma faltete ihre Hände zum Gruß, während sie zum Programmplatz eskortiert wurde.

Ein Beobachter erzählte mir, wie bewegt er vom Klang der Trommeln und den fröhlichen Rufen der Dorfbewohner gewesen sei. Als Ammas Wagen in sein Blickfeld rollte, der von Hunderten helfender Hände geschoben wurde, war ihm, als sei *Krishna* in voller Pracht auf dem Kampfplatz von *kurukshetra* erschienen – so majestätisch war der Anblick Ammas auf diesem Wagen.

Es gab zahlreiche Lobreden von hohen Regierungsbeamten, die extra zu diesem Anlass eingeflogen waren. Beeindruckender jedoch, als die Botschaft der Gratulation des Premierministers von Indien, war der Ausdruck von Stolz und Dankbarkeit auf den Gesichtern der Dorfbewohner, die ein neues zu Hause erhalten hatten. Sie hatten nicht nur neue Häuser erhalten, sondern auch die Chance auf ein neues Leben für sich und ihre Familien. Mit Liebe zu Amma, die in ihren Augen leuchtete, kamen sie zu ihr und hielten ihr ihre Babys zum Segnen hin. Sie waren so glücklich, dass jetzt auch sie ihren Kindern die Chance auf ein glückliches Leben und einen Neuanfang bieten konnten.

Wir haben nicht immer die Gelegenheit, ein neues Zuhause und eine neue Zukunft für andere zu schaffen, wie einige der Menschen in Ammas Organisationen. Aber wir alle haben die Chance unsere Herzen und unseren Verstand für Ammas Liebe zu öffnen und die Inspiration zu finden, etwas zum Nutzen für die Welt zu tun.

Wie ein nie versiegender Quell
strömt Deine Lieblichkeit von Dir.
Deine glückselige Gnade
erschöpft sich nie.
Mein Herz fließt über vor Glück
bei jedem Anblick
Deiner wunderschönen Gestalt.
Und jedes Mal
ist mein Durst gestillt.
Immerzu von Deinem göttlichen Nektar zu trinken
ist mein einziger Wunsch.
Du versetzt mich in Staunen
und alles andere schwindet.
Welche Verdienste habe ich erworben,
Deine überreiche Gnade zu empfangen?
Ich weiß von nichts,
außer, dass ich Dich liebte.

Kapitel 5

Ammas Leben ist ihre Lehre

„Amma macht keine Unterschiede.
Sie kennt alle als das Selbst.
Amma ist zum Wohl der Welt gekommen,
ihr Leben dient dem Wohl der Welt."

Amma

Aus allen Handlungen Ammas kann eine tiefe Erkenntnis gewonnen werden, welche die reine Liebe und das reine Mitgefühl offenbart, das sie jedem schenkt. Ihr ganzes Leben ist ihre Botschaft. Es ist eine heilige Schrift und ein unglaubliches Beispiel für Glaube, Hingabe und Mitgefühl für uns alle. Als Ganzes genommen ist Ammas Leben mit Sicherheit eine der größten Offenbarungen göttlicher Wahrheit, die der Menschheit je gegeben wurden.

Auch wenn Amma einige Worte vieler Sprachen kennt, spricht sie außer *malayaalam* keine Sprache fließend. Die Menschen kommen aus der ganzen Welt, um Amma zu sehen und um Zeit mit ihr zu verbringen. Manche sprechen kein einziges Wort Englisch und schon gar nicht *malayaalam*. Dennoch werden ihre Herzen unmittelbar von Ammas Gegenwart berührt. Man muss kein Wort verstehen von dem, was Amma sagt, da ihre Umarmung alles vermittelt. Die Sprache, die sie am fließendsten spricht, ist die Sprache des Herzens.

Ein Blick von Amma genügt, um tief in die Herzen der Menschen zu dringen und ihr ganzes Leben zu verändern. Nur ein einziger Blick genügt. In einer Ansammlung von 20.000 Menschen kann Amma das *sankalpa* erzeugen, dass sich alle von ihr geliebt fühlen. Wenn sie um sich schaut, fühlt jede einzelne Person: „Amma hat mich angesehen und liebt mich." Das kommt daher, dass sie wirklich alle von uns mit dieser reinen Liebe liebt, geboren aus ihrer Nicht-Anhaftung. Reine Liebe ist die Essenz von Ammas gesamten Daseins.

Die Liebe einer Mutter veranlasst sie dazu, alles für ihre Kinder zu tun. Auf unserer letzten Amerikatour kam ein junges Mädchen zu mir und sagte: „Darf ich Dich etwas fragen? Wie groß ist Ammas Taille?"

„Was für eine schwierige Frage", dachte ich bei mir, „Wie soll ich das nur beantworten?" Dann erklärte sie: „Nein, nein, ich meine ihr Handgelenk, weil ich ihr ein Armband kaufen möchte." [Anm. d. Übers.: engl.: „waist" (Taille); „wrist" (Handgelenk)]

Erleichtert, dass die Frage nun einfacher zu beantworten war, sagte ich ihr: „Nun, wenn Du ein elastisches Armband kaufst, passt es sicher um ihr Handgelenk." Dann zog sie glücklich davon, um eines zu suchen. Sie schaute lange und fand schließlich ein pinkfarbenes Kunststoffarmband, das niemand sonst gewollt hatte. Erst eine halbe Stunde vorher hatte ich es in die 50-Cent-Kiste gelegt, in der Hoffnung, dass es schnell gekauft würde, damit ich es los wäre, da es nicht gerade das allerapparteste Schmuckstück war.

Ein paar Minuten später kam das Mädchen mit einem Blumenstrauß und dem pinkfarbenen Kunststoffarmband zurück, welches wie ein Gummiband um die Blumenstängel gewickelt war, und sagte, sie wolle Amma beides schenken. Ich dachte mit Schrecken daran, in welchem Zustand das Armband wohl sein würde, wenn es Amma erreichte, also schlug ich ihr vor, das

Armband getrennt von den Blumen zu halten. Sie freute sich über meinen Rat und rannte davon. Ich dachte bei mir, wie süß doch das kleine Mädchen war, aber wie schrecklich das Kunststoffarmband.

Als wir am Ende des Programms mit dem Auto wegfuhren, bemerkte ich, dass Amma das pinkfarbene Kunststoffarmband trug. Auf Ammas dunkler Haut sah es eigentlich ganz attraktiv aus.

Amma trug dieses Armband tagelang. Viele kamen zu mir und sagten: „Ich möchte dieses pinkfarbene Armband kaufen, egal was es kostet." Niemand hatte dieses Armband gewollt – aber jetzt stieg sein Wert plötzlich von fünfzig Cent auf völlig unbezahlbar. Die unschuldige Liebe dieses jungen Mädchens verlieh dem Armband unschätzbaren Wert. Amma hatte das Geschenk des Mädchens, da es von Herzen kam, liebenswürdigerweise angenommen.

Einmal leitete Amma die *aatma puuja* vor einer großen Menschenmenge in Europa an. An diesem Abend rief sie die Kinder zu sich, um während der *puuja* mit ihr auf der Bühne zu sitzen. Amma macht das manchmal, um das Interesse der Kinder zu wahren und damit sie sich still verhalten und benehmen, sodass die anderen von der *puuja* profitieren können, ohne dass der Lärm unruhiger Kinder ihre Konzentration stört. Während der *puuja* gab Amma jedem Kind ein Bonbon. Amma faltete die Bonbon-Papiere dann akribisch genau zu kleinen Papierbooten und gab jedem Kind eines davon. Gegen Ende der *puuja* begann ein Mädchen leise zu weinen, weil ihr Boot auseinandergefallen war. Als die *puuja* beendet war, verließ Amma die Bühne und betrat den behelfsmäßigen Tempel, um sich auf den *Devi-bhava-darshan* vorzubereiten. Das erste, was sie sagte, war: „Ich muss diesem Kind ein anderes Boot basteln." Sie sagte, dass es während des Programms so konzentriert und hingegeben war und, dass es selten vorkommt, dass ein Kind eine solch große Konzentration aufbringt. Liebe macht Amma zur Dienerin der *devotees*. Die Zeit stand still, als sie in aller Ruhe für das kleine Mädchen ein neues Papierboot faltete.

Jeder von Ammas Handlungen liegt das Fundament der Liebe zu Grunde. Ihre unermessliche Liebe kennt keine Grenzen und erstreckt sich auf die gesamte Menschheit. Es ist schwierig für uns, reine Liebe auch nur annähernd zu verstehen, da unsere Liebe immer mit Anhaftung verbunden ist. Unsere Liebe ist verstrickt mit Vorzügen, Forderungen und Feilschen. Wir lieben einige Menschen, andere aber nicht. Nur Amma kann alle Menschen gleichermaßen und bedingungslos lieben.

Wir werden jeden Tag Zeuge dieser Qualitäten von Amma. Ich kann mich an die Anfangstage im *ashram* erinnern, als der Leprakranke Dattan regelmäßig zum *darshan* kam. Zu der Zeit, als er Amma kennen lernte, war es ihm wegen des Gestanks, den seine offenen Wunden verströmten, nicht einmal erlaubt, mit dem öffentlichen Bus zu reisen. Mitfühlend trug Amma liebevoll mit ihrer Zunge Speichel auf seine nässenden Wunden auf. Es wird gesagt, dass der Speichel eines *mahaatmas* eine sehr wirkungsvolle Medizin ist. Während andere Menschen nur Abscheu vor Dattan empfanden, konnte Amma nur Liebe und Fürsorge für ihn zeigen. Es war unglaublich, den Ausdruck mütterlicher Liebe auf Ihrem Gesicht dabei zu betrachten, als wäre er ihr meistgeliebtes Kind.

Manche denken, sie wüssten, wie man liebt. Sie sagen zueinander: „Ich liebe Dich", vielleicht sogar mehrmals am Tag. Aber wäre es wahre Liebe, warum müsste es dann gesagt werden? Wenn das Herz mit Liebe gefüllt ist, gibt es nichts, was gesagt werden müsste, weil wahre Liebe über Worte hinausgeht. Sie zeigt sich in jeder Handlung der Liebenden, sie verströmt sich einfach, um alle darin einzuschließen. Amma verkörpert die Essenz reiner, göttlicher Liebe und das ist der Grund, warum sich so viele

Menschen zu ihr hingezogen fühlen. Wir mögen sonstwo nach Liebe suchen, aber nichts anderes im Leben wird es uns ermöglichen, die reine Liebe zu erfahren, die wir in Ammas Gegenwart verspüren. Allein diese Liebe kann die Herzen der Menschen heilen und ihren Kummer entfernen.

Vor kurzem, während eines öffentlichen Programms, kamen viele Familien mit schweren, kummerbeladenen Herzen zu Amma, voller Trauer über den Verlust ihrer Kinder, die sie bei einem Kindergarten-Brand in Kumbhakonamin (in Tamil Nadu) im Juni 2004 verloren hatten. Vierundneunzig Kinder kamen dabei ums Leben und die wenigen Überlebenden erlitten schwere Verbrennungen. Als die leidgequälten Eltern zum *darshan* kamen, hielten sie Fotos der Kinder, die auf so tragische Weise verbrannten, mit ihren Händen umklammert. Einige hatten sogar zwei ihrer Kinder in dem Feuer verloren.

Eine der Mütter lag untröstlich in Ammas Armen. Sie hatte ihren Sohn verloren. „Amma! Schenke mir das Glück, mein Kind noch einmal zu sehen!" weinte sie. „Amma, ich habe ihn zur Welt gebracht, ihn aufgezogen, all den Kummer dabei ertragen und nun ist er einfach verschwunden. Schenke mir das Glück, mein Kind noch einmal zu sehen!" Amma hielt sie fast zehn Minuten lang, bis die Frau völlig erschöpft war. Während der ganzen Zeit wischte Amma nicht nur die Tränen der Frau aus dem Gesicht, sondern auch ihre eigenen.

Man fand heraus, dass die Kinder sich alle aneinander kauerten, als sie starben. In den letzten Augenblicken ihres Lebens hatten sie sich gegenseitig festgehalten. Amma umarmt jeden ganz spontan, weil sie um die Bedürfnisse der Menschen weiß, die Angst haben oder großen Kummer. Liebe strömt ganz natürlich von ihr.

Das Wichtigste, das Amma uns lehrt, ist wie wir lieben können. Es ist das Großartigste, was wir zu lernen anstreben können

und dennoch ist es wahrscheinlich das, was wir am wenigsten verstanden haben. Es ist viel einfacher zu lernen, wie man meditiert, *mantras* rezitiert oder selbstlos dient, als wahrhaft zu lieben. Aber solange wir nicht gelernt haben zu lieben, ist alles andere nicht wirklich wichtig.

Vor vielen Jahren, während eines Gesprächs mit Amma, wollte ich über *tapas* und *vairaagya* sprechen, aber sie kam immer wieder zurück auf das Thema Liebe. Ich war schon ein bisschen genervt darüber, weil ich über etwas „Tieferes" mit ihr Reden wollte, aber ich konnte Amma einfach nicht von diesem Thema abbringen. Schließlich sagte ich zu ihr: „Aber ich will keine Liebe!" Darauf erwiderte Amma: „Wozu lebst Du denn dann?" Natürlich, von ihrem Standpunkt aus betrachtet ist Liebe nicht nur die Essenz von Spiritualität, sondern die Essenz des Lebens selbst.

Einmal fragte jemand, warum so viele Menschen während des *darshans* mit Amma in Tränen ausbrechen. Sie erklärte: „Liebe ist die Essenz jedes menschlichen Wesens. Wenn sie von Liebe berührt werden und die Güte in ihnen berührt wird, kann sich dies im Überfließen der Tränen äußern. Es sind Liebe und Glückseligkeit, welche in uns allen verborgen liegen. Amma ist der Katalysator, der diese Eigenschaften erweckt. Ihre Umarmungen sind nicht nur körperlicher Natur, sie wollen die Seele berühren."

In Kalkutta kam ein junger Mann zu Amma. Er kam aus Neugierde, nachdem ihm ein Freund erzählt hatte, dass er sich unsterblich in Amma verliebt hätte. Nachdem er seinen Kopf in Ammas Schoß gelegt hatte, begannen ihm Tränen über das Gesicht zu strömen. Überrascht fragte er Amma: „Was ist los, warum weine ich?" Ihre Antwort war: „Sohn, wenn du Deiner wahren Mutter begegnest, drückt sich die Liebe, die Du in Dir trägst, in Tränen aus." Schließlich konnte er die Liebe, die sein Freund für Amma empfand, wirklich begreifen.

Als Amma einmal von einem Reporter gefragt wurde, warum sie die Menschen umarmt, erwiderte sie: „Die Menschen werden geboren, um wahre Liebe zu erfahren, aber sie finden sie nie. Sie suchen nach dieser Erfahrung von der Geburt bis zum Tod. Ammas wichtigste Absicht in der Begegnung und in der Umarmung der Menschen ist es, diese reine Liebe in ihnen zu erwecken. In der heutigen Zeit brauchen sowohl Männer wie Frauen mütterliche Liebe - das nährende mütterliche Gefühl, die Eigenschaft der weiblichen Energie. Mit dem Empfangen dieser Energie werden sie frei und unabhängig. Nur wenn wir Liebe in uns spüren, können wir uns frei fühlen. Wenn Amma die Menschen umarmt, überträgt sie ihnen auch einen Teil ihrer spirituellen Energie, sodass sie zu dieser reinen Liebe erwachen können."

Amma erklärt, dass das Vertrauen in Gott, egal welche Probleme auch immer in unserem Leben auftreten mögen, uns immer durch sie hindurch lotsen wird. Obwohl diese Lehre offensichtlich wird in quasi jedem Moment ihres Lebens, gibt es dafür ein außergewöhnlich gutes Beispiel aus früheren Jahren. Eines Nachts, kurz bevor der *bhava-darshan* anfing, zerbrach Ammas Bruder, der ein Gegner ihrer spirituellen Aktivitäten war und regelmäßig die *devotees,* die zum *darshan* kamen belästigte, alle Öllampen und schüttete das übrige Öl in den Sand. Diese Lampen waren die einzige Lichtquelle für das die ganze Nacht andauernde Programm. Wie sollte es nun weitergehen? Einige *devotees* weinten und fragten sich, was sie nun tun sollten, aber Amma sagte ihnen nur, sie sollten Vertrauen haben und zum Strand gehen, um einige Muscheln zu sammeln. Als sie sie zu ihr brachten, wies sie die *devotees* an, Dochte in die Muscheln zu stecken und anstelle von Öl nur ein wenig Wasser in sie zu füllen. Dann sagte sie ihnen, sie sollten die Dochte anzünden.

Auf wundersame Weise brannten diese Lampen die ganze Nacht hindurch.

Amma lehrt uns, wie wir glücklich in der Welt leben und dabei den Schwierigkeiten mutig ins Gesicht sehen können. Sie erinnert uns daran, dass, obwohl Leiden überall existiert, der Glaube und das Vertrauen in Gott und den *guru* diejenige Medizin ist, die alle Krankheiten zu heilen vermag. Sie ist wie ein Rettungsboot, das uns über den Ozean des Leidens tragen kann. Wir können vor Problemen nicht davonlaufen. Es mag unser Schicksal sein zu leiden, aber Amma zeigt uns, wie wir Schwierigkeiten mit Kraft und Mut begegnen können und sie als Chance für spirituelles Wachstum nutzen können. Sie sagt, dass es ohne Probleme, die uns herausfordern kein Wachstum gäbe. Durch festen Glauben gewinnen wir sowohl inneren Frieden als auch ein erfülltes Leben. Er gibt uns den Mut, mit kommenden stürmischen Zeiten, wie auch immer sie aussehen mögen, fertig zu werden.

Zu Beginn 2004 besuchte Amma zum ersten Mal Surat im Bundesstaat Gujarat. Alles ist immer aufregend und unvorhersagbar, wenn Amma an einem neuen Ort ein Programm gibt. Wir wissen nicht, wie groß die Menschenmenge sein wird und ob die Menschen eher ruhig oder nicht zu bändigen sein werden. Aber in den vielen Jahren, in denen ich mit Amma reise, konnte ich beobachten, wie die Menschenmengen immer größer wurden und die Menschen begieriger, sogar verzweifelt, Amma zu begegnen. In Surat war es jedenfalls so.

Der Programmort war direkt um die Ecke unserer Unterkunft, was sehr bequem war. Als Amma aber einigen Leuten in kleinem Kreis *darshan* geben wollte, tauchten fast 2000 Menschen vom Programmort dort auf. Der Menschenandrang war unkontrollierbar. Am Ende füllten sie das ganze Haus aus, blockierten die Treppen und weigerten sich zu gehen, komme, was da wolle. Sie sagten, sie würden nicht eher gehen, bis dass sie Amma gesehen und ihren *darshan* bekommen hätten.

Einer der *brahmacharis* hielt sie am oberen Ende der Treppe auf, während der Rest von uns entweder oben oder unten in der Menge eingeklemmt war. Niemand konnte sich hoch oder herunter bewegen. Die Falttüren aus Glas zu Ammas Zimmer wackelten und wir waren besorgt, dass sie aufgrund der hysterischen Menge, die von außen dagegen drückte, zerbrechen könnten. Amma wollte die Menschen zum *darshan* kommen lassen, andere aber bestanden darauf, dass es zu gefährlich sei, weil die Menschen so aufgebracht waren.

Amma saß auf einer Couch und verlangte nach einem Stift. Sie nahm jedes der *vibhuuti*-Päckchen, die auf unserem Tablett lagen und begann entschlossen auf jedes davon „*Om namah Shivaya, Om namah Shivaya*" zu schreiben. Während sie schrieb, schien sie in einer anderen Welt zu sein. Ich fühlte, dass sie auf diese Weise irgendwie einen Teil der Spannung ableitete oder auflöste.

Die Stimmung unter den Menschen, die den Weg blockierten, änderte sich nicht. Da wir spät dran waren, entschied Amma plötzlich, dass sie einfach rauskommen und zum Programm gehen würde. Wir alle waren auf der Hut, als Amma plötzlich in der Tür erschien. Wir hatten Angst, dass sie im Gedränge der Menschen verletzt werden könnte, sie aber begann sich einfach ihren Weg durch die rasende Menge und die Treppen herunter zu bahnen und umarmte dabei alle entlang des Weges. Während andere versucht hatten, die Menschen zurückzudrängen, zog Amma jeden in ihre Arme und endete damit, sich buchstäblich ihren Weg aus dieser schwierigen Situation „heraus-zu-umarmen". Ich stand hinter ihr und beobachtete staunend, wie Amma in ihrer gewohnten Art einfach alles annahm, jeden an sich heranzog und liebevoll umarmte, so ganz anders als wir normale Menschen, die vielem so ablehnend begegnen und es von sich schieben.

Die Menschenmenge war ziemlich grob und einer der *brahmacharis,* der nach vorne gegangen war, blieb darin stecken. Als er sich umschaute sah er, dass einer der *devotees* ein gelbes Tuch, ähnlich seinem *dhoti,* um die Beine gewickelt trug. Als er an sich herunter blickte, entdeckte er, dass es sein eigener *dhoti* war, der um die Beine dieser anderen Person gewickelt war! Er war ihm in dem totalen Chaos entrissen worden.

Nachdem wir uns den Weg durch die Menge nach draußen gekämpft hatten und am Auto angelangten, waren wir erschöpft. Amma aber schaffte den Weg durch die Menge mühelos, indem sie die Menschen umarmte, anstatt sie aus dem Weg zu jagen. Später erwähnte jemand, wie gewalttätig und aggressiv die Menge doch gewesen war und wie sehr sie sich um unsere Sicherheit geängstigt hatten. Amma sah das völlig anders. Sie überraschte uns, als sie sagte: „Eigentlich war es wunderschön, die Liebe dieser Menschen zu sehen. Die meisten waren Amma noch nie begegnet und trotzdem bereit, so lange auf sie zu warten, nur um einen kurzen Blick auf sie werfen zu können. Sie hatten wirklich so viel Hingabe."

Swami Vivekananda bemerkte einmal: „Ich habe in meinem unbedeutenden Leben die Erfahrung gemacht, dass gute Absichten, Aufrichtigkeit und grenzenlose Liebe die Welt erobern." Amma, in ihrer einzigartigen, einfachen und demütigen Weise ist dabei, zu einer der größten Eroberinnen der Welt zu werden - nicht mit einem Schwert in der Hand, sondern indem sie die Welt in Liebe umarmt.

Mir verlangt nicht nach irgend großartigen Gaben -
nur allezeit Dich demütig zu lieben.
Ich wünsche nicht Befreiung noch Unsterblichkeit -
die magst Du anderen geben.
Ich bin bereit, jede Zahl von Geburten auf mich zu nehmen,
jede Menge von Kummer zu ertragen,
wenn Du mir nur versprichst,
immerzu in meinem Herzen zu verweilen
und mich lehrst, Dich zu lieben.

Kapitel 6

Die Verbundenheit mit dem guru

„Denkt nicht, dass ihr räumlich getrennt seid von Amma.
Hört nicht auf eure Gedanken,
und ihr werdet Amma direkt in euren Herzen spüren.
Dann werdet ihr wissen, dass sie euch niemals vergessen hat,
dass ihr schon immer in ihr wart und für immer in ihr sein werdet."
Amma

Mehrmals im Jahr besteigt Amma ein Flugzeug und fliegt auf die andere Seite der Welt, dabei lässt sie ihre Kinder in Indien mit gebrochenem Herzen zurück. Obwohl der eine Teil der Welt den Kummer des Getrenntseins von Amma erleidet, jubelt der andere Teil der Welt bei Ihrer Ankunft. Die Handlungen einer gottverwirklichten Seele können niemals selbstsüchtig sein, sie geschehen immer nur zum Wohle der Welt. Indem sie Ihre Kinder zurücklässt, gibt sie ihnen die Chance, durch ihre schmerzvolle Sehnsucht nach ihr innerlich zu wachsen. Ihre Hingabe wird tief und fest verankert durch das schmerzliche räumliche Getrenntsein von Amma, sodass ihre Abwesenheit die Menschen dazu zwingt, sie in ihrem Innern zu finden.

Amma erscheint am westlichen Horizont wie der rettende Atemzug für einen Ertrinkenden. Sie tröstet und lindert den

Kummer derer, die in dem Feuer weltlicher Existenz verbrennen. Für die vielen Menschen, die zu Ihr kommen, gibt es endlich einen Hoffnungsschimmer in ihren sinnentleerten Leben. Menschen, die nie wirklich an Gott glaubten, haben endlich ein Vertrauen gefunden, das sie trägt. Diese unzähligen Seelen sind voller Freude, Amma wieder bei sich zu haben. Sie haben sich danach gesehnt, von ihr gehalten zu werden und die Last der Sorgen, die sich in ihrem Leben angesammelt hat, liebevoll von ihr abgenommen zu bekommen, nachdem sie Amma so lange nicht gesehen haben. Trauervolle Herzen in Indien, freudvolle Herzen im Westen - alle Herzen sind voll von ihr allein.

Mit den Jahren, die Amma den Westen bereiste, strömten an jedem Ort, den sie besuchte, immer größere Menschenmengen zu ihr. In den Herzen so vieler, die mit ihr in Kontakt kamen, erblühte ein Leben der Hingabe und Liebe zu Gott. Die Veränderung in den Menschen über die Jahre hinweg zu sehen, war wie die Entfaltung einer Blütenknospe zu beobachten, die sich öffnet, um die Sonne zu begrüßen. Sie haben ihre Herzen und Leben geöffnet, um Amma tief in sich aufzunehmen durch die Liebe und Hingabe, die sie für sie entwickelt haben.

Ein Mädchen, das Amma auf deren frühen USA-Reisen zu besuchen begann, erschien immer mit ungekämmten, wilden Dreadlocks, die um sie herumflogen, während sie glückselig zu Ammas *bhajans* tanzte. Nachdem sie Amma schon eine Weile kannte, begann sie sich in ein weißes Bettlaken zu kleiden. Sie hatte nie Geld und es war das, was dem Tragen eines weißen Saris am nächsten kam. Sie wollte so sehr eines von Ammas Kindern werden. Heute, einige Jahre später, hat sie ein klares und deutliches Ziel vor Augen. Sie hat sich zu einer schönen, jungen Frau gewandelt und studiert Medizin, um Amma dienen zu können, indem sie später in *AIMS* den Armen dient.

Die ganze Schöpfung fühlt sich von Amma angezogen. Genau so wie die Menschen sie unwiderstehlich finden, ergeht es auch den Tieren, einschließlich der Insekten. Als wir neulich in Trivandrum waren, saß ich hinter Amma auf der Bühne, als ich plötzlich bemerkte, dass eine Biene auf ihr herumkrabbelte. Eine andere Biene wollte ihr sogar noch näher sein und war schon unter ihren Sari gekrochen. Mitten während der *bhajans* drehte sich Amma plötzlich um und reichte mir ihren hölzernen Drumstick, mit dem sie den Takt angibt. Mein Herz hörte für ein paar Sekunden auf zu schlagen, da ich dachte, Amma will, dass ich das nächste *bhajan* anleite! Dann aber bemerkte ich eine Biene am Ende des Stocks sitzen. Amma wünschte, dass für sie ein sicherer Ort gefunden wird, nachdem sie ihren Segen erhalten hatte, genauso, wie sie es für jedes ihrer Kinder tun würde, die in ihrem Schoß Schutz suchen. Ich trug den Drumstick an die Kante der Bühne und schaute zu, wie sie glückselig davonflog.

Ein anderes Mal, während eines *Devi-bhavas* sah ich einen Schmetterling auf Ammas Blumengirlande sitzen und dachte: „Wie schön! Die gesamte Natur wünscht sich Ammas *darshan*" und ließ ihn sitzen. Nachdem er genug hatte, flog er davon, kam aber nach zwei Minuten zurück und wollte mehr davon. Ich wurde ein bisschen ärgerlich, weil jeder weiß, dass nur ein *darshan* erlaubt ist und auf keinen Fall zwei hintereinander - egal wie viele Beine oder Flügel jemand hat!

So wie sich der Schmetterling und die Biene zu Amma hingezogen fühlten, kann die Anziehung, die wir für Amma empfinden, auch als Anhaftung bezeichnet werden. Obwohl Anhaftung generell als Hindernis für spirituelle Entwicklung betrachtet wird, beschleunigt die Anhaftung an den *guru* unsere spirituelle Entwicklung und öffnet unsere Herzen. Amma sagt, dass die Bande von Liebe, Vertrauen und Ergebenheit zu unserem *guru* von größter Bedeutung ist. Sie allein schon können uns zum

Ziel führen. All unsere Entsagungen werden uns nicht so sehr vorwärtsbringen, wie die Verbindung zu einem verwirklichten Meister, denn schlussendlich ist es die Gnade des *gurus* alleine, die unser *Ego* auslöschen wird.

Wir mögen viele Stunden meditieren und alle möglichen Formen von Entbehrungen auf uns nehmen. Wir können jahrelang die heiligen Schriften studieren und Tausende von *mantras* rezitieren lernen, aber all das wird uns nicht garantieren, dass wir das Ziel der Selbstverwirklichung erreichen werden. Wenn wir diese Bande der Liebe mit dem *guru* entstehen lassen, können wir sie niemals mehr lösen. Sie bleiben über viele Leben bestehen und wird uns schließlich zum Ziel führen.

Um eine Verbundenheit mit Amma zu entwickeln, ist es nicht nötig, immer in ihrer physischen Gegenwart zu sein. Auch wenn einige das Gefühl haben, dass es für *ashram*-Bewohner einfacher ist eine engere Beziehung zu Amma zu haben, ist das nicht notwendigerweise wahr. In den letzten Jahren hat Amma nie mehr als zwei Monate hintereinander im indischen *ashram* verbracht. Alle paar Monate begibt sie sich auf Reisen, entweder in Indien oder zu einem anderen Teil der Welt. Die Bewohner des *ashrams*, die zurückblieben, mussten lernen, eine tiefe Verbindung mit Amma auch in ihrer physischen Abwesenheit beizubehalten. Menschen, die weit von Amma entfernt leben, können ein ebenso spirituell orientiertes Leben führen wie diejenigen, die mit ihr im *ashram* leben. Wir können eine Beziehung mit Amma aufbauen und spirituelle Fortschritte machen, wo auch immer wir sind.

Eine *devotee* aus Mumbai erzählte mir die Geschichte einer Freundin, die Amma noch nie begegnet war und deshalb nach Amritapuri reiste, um sie kennenzulernen. Sie war Amma gegenüber etwas skeptisch und dachte, sie würde den Reichen und Berühmten sicher mehr Aufmerksamkeit schenken als den Armen. Die *devotee* wollte ihre Freundin nicht beeinflussen und ihr nicht die eigene Ansicht aufdrängen. Sie dachte, es sei besser, dass sie Ammas *darshan* einfach selbst erfährt und sich von Ammas gleicher Haltung und Liebe allen gegenüber selbst überzeugt. So schwieg sie also.

Als sie am dortigen Bahnhof ankamen, näherte sich ihnen ein älterer Lastenträger. Als er feststellte, dass sie auf dem Weg nach Amritapuri waren, begann sein Gesicht zu leuchten. Er erzählte ihnen, dass er einer von Ammas Lieblingsanhängern sei und dass sie ihn sehr lieben würde. Tatsache sei, dass Amma ihn jedes Mal, wenn er zu Besuch in den *ashram* käme, für längere Zeit direkt neben sich sitzen hieße. Er sagte, dass er Amma jede Woche einmal besuchen müsse, weil sie ihn sonst sehr vermissen würde!

Als sie das hörte, war ihre Freundin, die Skeptikerin, sehr angerührt. Auch wenn dieser Lastenträger in den Augen der Welt nur ein armer, alter Mann war, empfand Amma so viel Liebe für ihn. Sie führte ihn auf dem spirituellen Pfad, indem sie ihn eine so starke Herzensbeziehung spüren lies. Sein einfaches Leben wurde durch ihre besondere Aufmerksamkeit zu einem Leben voller Freude.

Amma schmiedet diese Bande mit jedem einzelnen von uns, aber auch wir müssen unseren Teil dazu beitragen. Das bedeutet nicht notwendigerweise, dass wir immer neben Amma sitzen oder persönliche Dienste für sie leisten müssen. Wenn wir in Liebe, Vertrauen und Hingabe an sie denken, wird diese Beziehung beständig weiter gefestigt. Die *gopis* von *Vrindaavan* zum Beispiel haben nicht meditiert oder sich Entsagungen auferlegt. Sie erinnerten sich einfach bei allem was sie taten - Wäsche waschen, Kochen, Kinderhüten, Butter machen oder Wasser vom Fluss holen - an *Krishna*, sie stellten sich sogar vor, dass sie all das für ihn tun würden. Letzten Endes wurden sie aufgrund der Kraft ihres Vertrauens und ihrer Ergebenheit eins mit ihm.

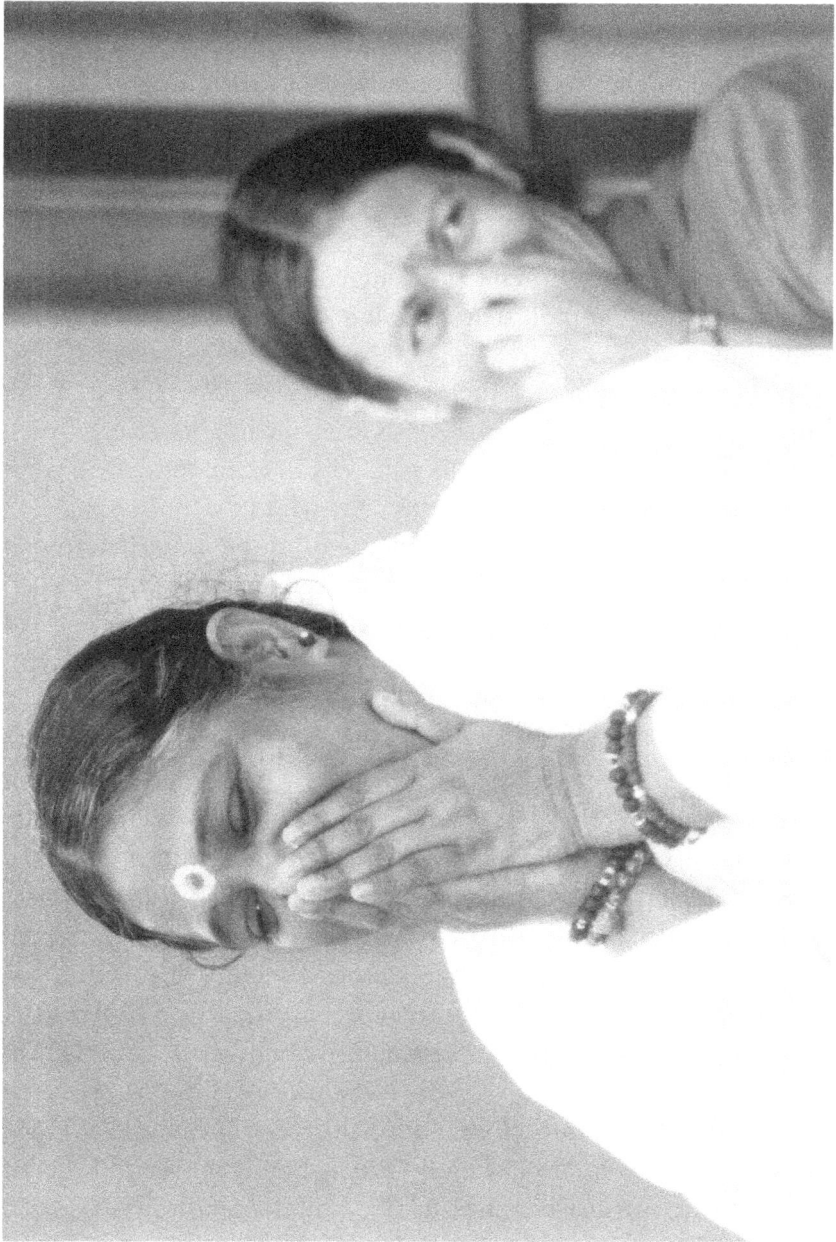

Amma erzählte einmal eine wunderschöne Geschichte über eine *gopi* und deren Liebe zu *Krishna*. Als diese den Klang von *Krishnas* Flöte hörte, der aus dem Wald zu ihr drang, wollte sie sofort zu ihm eilen, um bei ihm zu bleiben. Ihr Ehemann aber hielt sie fest und wollte sie nicht gehen lassen. Sie geriet so außer sich wie ein Fisch den man an Land geworfen hatte. Sie zitterte und war in einem solchen Schockzustand über das Getrenntsein von *Krishna*, dass sie ihren Körper augenblicklich verließ. Da hatte ihr Mann den Körper, den er wollte - ihre Seele jedoch wurde eins mit *Krishna*.

Für Amma gibt es keinen Unterschied zwischen spirituellem und weltlichem Leben, da sie das Göttliche in allem sieht. Auch wir sollten versuchen diese höchste Vision anzustreben.

Als ich vor vielen Jahren das erste Mal in den *ashram* kam, sagte Amma zu mir: „Man sollte eine Bindung entweder an den *guru* oder an den *ashram* entwickeln." Weil die meisten Menschen sich - sonderbarerweise - für Amma entschieden, entschied ich mich für die Bindung an den *ashram*. Traditionellerweise wird der *ashram* als Erweiterung des Körpers des *gurus* verstanden. Der *guru* ist nicht auf den Körper beschränkt, da er das höchste kosmische Prinzip verkörpert, das jedem Atom der Schöpfung innewohnt. Ich habe die Erfahrung gemacht, dass es einen näher zu Amma bringt, wenn man dem *ashram* gegenüber eine von Herzen kommende Offenheit und Aufrichtigkeit entwickelt.

Die Anhaftung, die wir Amma gegenüber empfinden, ist nicht vergleichbar mit irgendeiner anderen. Anhaftung an Namen, Ruhm oder Reichtum schafft spirituelle Hindernisse, wohingegen Anhaftung an Amma unser spirituelles Wachstum fördert. Die Anhaftung an die Gestalt des *gurus* ist wie eine Leiter, die uns zu den Höhen der Selbstverwirklichung bringen kann. Wenn wir das Dach erreichen, brauchen wir die Leiter nicht mehr. Amma erlaubt uns die Anhaftung an ihre Gestalt, um uns immer höher, dem Ziel entgegen, zu führen. Wenn wir dieses Ziel erreichen, sind wir in der Lage, die Anhaftung an die physische Form völlig aufzugeben.

Mutter sagt uns immer, dass wir uns nicht nur an ihre äußere Gestalt binden sollen, wenn wir Liebe zu ihr entwickeln wollen, sondern versuchen müssen, sie im Innern zu fassen, dann werden wir immer mit ihr verbunden sein. Liebe, die wir nur für Ammas äußere Form empfinden, wird abklingen, da unsere Liebe so unbeständig und auf den Wellen unseres Geistes begründet ist. An einem Tag sind wir ganz verliebt in Amma, weil sie uns Aufmerksamkeit schenkt, am nächsten Tag aber schon wieder nicht, weil wir das Gefühl haben, sie ignoriert uns.

Ein klein wenig Liebe für Amma ist nicht genug, damit wir fest verankert auf dem spirituellen Weg bleiben. Wir müssen festen, unerschütterlichen Glauben, verbunden mit Hingabe, entwickeln. Wahre Hingabe hat weder etwas mit verstandesloser Anbetung, Sentimentalität oder Fanatismus zu tun, noch damit, einfach ohne Unterscheidungsvermögen die Befehle irgendjemand anderes zu befolgen. Wahre Hingabe ist das Erblühen reiner Liebe aus der Seele, es ist Gnade, die uns als Ergebnis unserer Bemühungen zuteil wird.

Die feste Verbindung, die wir zu unserem *guru* aufbauen, kann uns helfen, herausfordernde Situationen und schwierige Zeiten zu überstehen. Diese Anhaftung vertieft unser Vertrauen und kann uns helfen, vollkommene Ergebenheit zu lernen.

Während Ammas Programm im Juni 2004 im kalifornischen *ashram* in San Ramon gab es einen schweren Brand-Unfall, bei dem mehrere Menschen verletzt wurden. Amma besuchte sie noch in derselben Nacht im Krankenhaus. Ich habe noch nie Menschen mit einer so großen Ergebenheit in solch einer schrecklichen Situation erlebt. Sie schienen unerschütterlichen Glauben und völliges Vertrauen in Amma und ihr Schicksal zu haben.

Amma sagte ihnen, dass dies so hatte geschehen müssen, egal, wo auf der Welt sie sich befunden hätten. Hätte es sich woanders ereignet, wäre es noch schlimmer ausgegangen. Sie sagte: „Unser Weg ist der Weg des Kreuzes. Wir können Zweifel haben oder aber Glaube und Ergebenheit und daraus an Stärke gewinnen. Die Kerze schmilzt dahin, wenn sie Hitze ausgesetzt wird, ebenso wie das Eis zu Wasser schmilzt. Aber Schmutz, den man erhitzt, wird beim Abkühlen zu einer Art festen Lehm." Sie sagte ihnen, dass sie aus dieser Erfahrung gestärkt hervorgehen würden, wenn sie weiterhin an den Füßen des *gurus* in völliger Hingabe und Ergebenheit festhalten würden.

Einer von ihnen gestand Amma, dass er auf dem Weg zum Krankenhaus zunächst etwas wütend war und Zweifel gegenüber Amma empfunden hatte. Er fragte sich, warum Amma dies hatte geschehen lassen, während sie doch *seva* machten. Er sagte ihr auch, dass er unerträgliche Schmerzen hatte, als der Arzt im Krankenhaus seine verbrannte Haut wegschrubbte. Aber plötzlich übernahm dann sein Herz die Führung und seine Gedanken lösten sich einfach auf. An diesem Punkt erkannte er, dass es genau so geschehen musste und er sich der Situation zu ergeben hatte. Seine Hingabe an Amma wurde stärker als seine fragenden Gedanken und seine Schmerzen. Nachdem er sich völlig erholt hatte, kehrte er im nächsten Sommer fröhlich zum gleichen Küchen-*seva* zurück. Jedes Jahr freut er sich darauf, Amma auf diesem Weg dienen zu können. Seine Hingabe und Ergebenheit in solch einer schwierigen Situation wurde für uns alle zu einer einprägsamen und inspirierenden Lektion.

Amma sagt, dass der Weg der Hingabe der absolut einfachste ist. Der *Buddha* sagte einmal: „Nur durch Hingabe und allein durch Hingabe werdet ihr die absolute Wahrheit erkennen. Die absolute Wahrheit kann nicht realisiert werden im Reich des alltäglichen Bewusstseinszustands. Der Weg jenseits des alltäglichen

Bewusstseins führt nur über das Herz. Dieser Weg des Herzens *ist* Hingabe."

In der Anfangszeit sagte Amma zu uns, dass wir nicht auf ihre Form meditieren sollten - wir sollten eine andere Form wählen. Sie sagte, wir sollten uns nach etwas sehnen, das wir nicht hätten und da wir mit ihr lebten, hätten wir sie ja die ganze Zeit bei uns. Amma begründete uns das mit folgendem Beispiel: Wenn wir einen Fehler machen würden und sie uns dafür zurechtweisen würde, wäre es schwierig für uns, danach auf ihre Form zu meditieren, weil das *Ego* sich melden würde, wenn es zurechtgewiesen wird.

Ich fragte Amma, da westliche Menschen normalerweise an einen nichtgestaltlichen Gott glauben, wie wir uns auf eine Form Gottes konzentrieren könnten, wenn wir doch an den formlosen Aspekt Gottes glaubten. Amma antwortete: "Tu' einfach so, als hättest Du Hingabe, dann wirst Du sie eines Tages wirklich haben."

Ich dachte an all die verschiedenen Formen Gottes und entschied mich schließlich dafür, auf die Form *Krishnas* zu meditieren. Ich konnte aber nirgends ein Bild von ihm finden, das mir wirklich gefallen hätte. Das einzige Foto, von dem ich mich wirklich angezogen fühlte, gehörte jemand anderem und der hätte es mir sicherlich nicht gegeben. Eines Tages, als ich ziemlich frustriert war, betete und weinte ich zu *Krishna*: „Ich kann einfach kein Bild von Dir finden, ich habe überall danach gesucht, aber ich kann Dich nicht finden. Also wirst Du zu mir kommen müssen!"

In dieser Nacht hielten wir ein Programm außerhalb des *ashrams* ab. Nachdem die *bhajans* geendet hatten, gingen wir in eines der Häuser in der Nähe, da es so Brauch war, dass die *devotees* eine Mahlzeit für uns zubereiteten. Als wir das Haus betraten, sah ich zwei identische Bilder von *Krishna* nebeneinander an der

Wand hängen. *Krishnas* Gestalt war wunderschön und ich fühlte mich sofort angezogen davon. Weil es zwei Fotos waren, war ich nicht schüchtern zu fragen, ob ich eines davon haben könnte. Der Hausbesitzer gab es mir gerne, und es wurde mein Meditationsfoto. Erstaunlicherweise hatte *Krishna* meine Gebete erhört und erschien noch in derselben Nacht. Auch nach über zwanzig Jahren bewahre ich das Bild noch immer in meinem Zimmer auf.

Ich tat so, als hätte ich Hingabe an *Krishna* und versuchte, Liebe für seine Gestalt zu entwickeln. Ein anderes Mal fuhren wir für ein kurzes Programm nach Cochin. Ich erinnere mich daran, dass ich eine Weile in Ammas Nähe saß und zu meditieren versuchte. Ich blieb über längere Zeit völlig konzentriert. Plötzlich verdichtete sich eine sehr klare Vision von *Krishna* in meinem Geist. Mir liefen Tränen über das Gesicht und ich fühlte, wie die Liebe zu *Krishna* anfing in meinem Herzen zu wachsen.

In diesen Jahren meditierte ich für gewöhnlich auf der Veranda des Meditationsraumes. Ich erinnere mich, dass ich während der Meditation bei dem Gedanken an *Krishna* weinte und weinte. Ich war davon ziemlich überrascht und fragte Amma: „Ist das jetzt Hingabe oder einfach nur Rührseligkeit?" Amma antwortete: „Ein kleines bisschen Rührseligkeit, aber hauptsächlich Hingabe. Nach Gott weinen zu können, ist wie den Hauptgewinn der Lotterie in den Händen zu halten." Ich hatte Ammas Worten Glauben geschenkt, dass die Hingabe mit der Zeit kommen würde, wenn ich sie zunächst nur vortäuschte und das geschah tatsächlich.

Wenn wir Liebe und Hingabe für Gott erst einmal entwickelt haben, können wir sie niemals mehr verlieren. Auch wenn sie zu manchen Zeiten nur wenig wachsen, werden sie uns nie ganz verlassen. Das ist eines der größten Geschenke, die Amma mir gegeben hat.

Wenn der Meister das Innerste unseres Herzens öffnet und uns die Essenz unserer wahren göttlichen Natur erahnen lässt, strömt eine Welle voll glücklicher Dankbarkeit zu dem, der uns geholfen hat, dies zu erfahren. Wenn wir unser wahres Selbst entdecken, erblühen in unserem Herzen Sehnsucht und Respekt für denjenigen, der uns dazu verholfen hat.

Ich habe den Schmuck dieser Welt abgeworfen.
Das einzige Juwel, das zu tragen ich ersehne
ist die kostbare Kette der Hingabe an Dich.
Meine Tränen der Liebe zu Dir
bilden den wahren Reichtum
in dieser falschen Welt der Illusion.
Alles andere verblasst,
wenn ich Deine blaue Lotusgestalt betrachte.

Herr des Erbarmens.
Wie kann es meinem gebrochenen Herzen misslingen,
Dich anzurühren?
Ich verlange gar nichts
außer der Berührung Deiner Lotusfüße
und der Liebe zu Dir,
um ewig Deine Gegenwart zu spüren.

Wolken der Illusion
können niemals mehr meinen Geist vernebeln.
Sie werden vertrieben von Deiner schützenden Gestalt,
die in meinem Herzen wohnt.
All meine Wünsche
sind verflogen.

Kapitel 7

Sacred Journey

*„Am Anfang ist es für einen spirituell Suchenden
hilfreich, auf eine Pilgerreise zu gehen.
Eine Reise, die mit Schwierigkeiten verbunden ist,
hilft, die Natur der Welt zu verstehen."*

Amma

Vor ein paar Jahren, mitten in der Nacht, gegen Ende des
Devi-bhava, kam *swaami* Ramakrishnananda zu mir
und fragte mich, ob ich meinen Führerschein noch hätte.
Als ich bejahte, bat er mich, schnell ein paar Sachen zu packen,
da Amma vorhatte, den *ashram* für eine Weile zu verlassen und
wollte, dass ich sie begleite.

In den frühen Morgenstunden schlichen wir uns aus dem
ashram und fuhren in Ammas Auto davon. Ich hatte keine
Ahnung, wohin wir fuhren, aber wen kümmert das schon, bei
einem wundervollen Abenteuer mit Amma. Ich saß auf dem
Beifahrersitz, während Amma sich auf den Rücksitz legte und
swaami Ramakrishnananda fuhr. Nachdem wir eine Weile gefahren waren, forderte mich Amma auf, das Steuer zu übernehmen.
Ich war froh, dass ich die ganze Nacht nichts gegessen hatte, weil
mir sonst furchtbar übel geworden wäre. Es war nämlich zehn
Jahre her, dass ich das letzte Mal hinter einem Steuer saß. Ich

hoffte aber, dass es so wäre wie mit dem Fahrradfahren, von dem man ja sagt, man würde es nie verlernen. Auf jeden Fall wusste ich, dass ich in Amma eine gute Mitfahrerin auf dem Rücksitz hatte. Durch Ammas Gnade würden wir mit Sicherheit unser Ziel erreichen - auch wenn ich die Pedale verwechseln würde.

Zu dieser nächtlichen Stunde war nicht viel Verkehr auf der Straße, so erwies sich das Fahren als einfach. Wir hielten auf unser Reiseziel Kanvashram zu, einer abgeschiedenen Einsiedelei im Wald von Varkala, ungefähr zwei Autostunden von Amritapuri entfernt. Als wir dort ankamen, wollte uns der junge Wächter nicht die Tore öffnen. Er sagte uns, dass der alte *swaami,* der dort lebte, ihm aufgetragen hatte, niemandem zu öffnen.

Wir sagten dem Jungen, dass es Amma sei, die herein wollte, aber er begriff nicht, um welche Amma es sich handelte. Er ließ uns wissen, dass er uns nur mit der schriftlichen Erlaubnis des Zuständigen für rechtliche Fragen des *ashrams* hereinlassen dürfe. Zum Glück lebte dieser ganz in der Nähe. *Swaami* Ramakrishnananda fuhr also los, um das Papier zu bekommen. Amma und ich blieben zufrieden auf felsigem Boden zurück. Sie hatte ihren Kopf in meinen Schoß gelegt und wir betrachteten die Sterne.

Ein paar Einheimische, die früh aufgestanden waren, kamen vorbei und Amma sprach eine Weile liebevoll mit ihnen. Dann fingen sie an, uns von Wildkatzen zu erzählen, die in dieser Gegend lebten. Sie würden sich nicht nur auf einen stürzen und beißen, sondern auch mit den Tatzen ins Gesicht schlagen. Es klang ein bisschen so wie eine Gruselgeschichte, die man Kindern vor dem Einschlafen erzählt. Unter dem Schutz der göttlichen Mutter des Universums fühlte ich mich aber sicher.

Schließlich kam *swaami* Ramakrishnananda mit der schriftlichen Erlaubnis zurück. Als der alte *swaami* an das Tor kam und sah, dass es *die* Amma war, der man den Eintritt verweigert hatte, bekam er fast einen Herzinfarkt. Er war äußerst zerknirscht

darüber, dass er Amma so lange draußen hatte warten lassen. Er hieß uns willkommen und einzutreten, entschuldigte sich aber gleichzeitig dafür, dass alle Räume abgeschlossen seien und er keine Schlüssel für sie habe, sodass es keine angemessene Unterkunft für uns gäbe. Der einzige freie Platz sei ein seitlich offener Unterstand mit einem blätterbedeckten Dach. Amma sagte, dass das genügen würde. Als er uns hineinführte lachte Amma fröhlich und wiederholte das *sanskrit-mantra*: „*tyaagenaike amritatvamaanashu*" („manche haben durch Entsagung Unsterblichkeit erlangt"). Es ist das Leitmotiv von Ammas *ashram* und beinhaltet die Essenz ihres Lebens und ihrer Lehren. Wenn sie wollte, könnte Amma jeden Luxus dieser Welt haben, sie aber war glücklich, auf nacktem Betonboden in einer offenen Hütte zu schlafen.

Wir breiteten ein dünnes Baumwolltuch aus und legten uns nebeneinander darauf zum schlafen. *Swaami* Ramakrishnananda lag ein bisschen weiter entfernt. Er hatte die Rolle des Nachtwächters übernommen. Zum Schutz gegen einen möglichen Angriff von den Wildkatzen legte er einen Besen aus Kokosnussfasern, den er gefunden hatte, neben sich – nur zur Sicherheit.

Nachdem wir fünf Minuten gelegen waren, hörten wir ein Geräusch. Amma sprang auf und sagte: „Das sind die Katzen, das sind die Katzen!" *Swaami* und ich sprangen beide panisch auf unsere Füße. Nach einem kurzen Moment schauten wir uns alle an und lachten dann ohne Ende, weil es nur ein harmloses Geräusch aus dem Dschungel gewesen war. Nachdem wir wieder eine Weile gelegen hatten, wiederholte sich das Szenario. Und dann noch ein paar Mal. Wir fanden das zum Brüllen komisch und lachten mehr, als dass wir geschlafen hätten.

Aber plötzlich kam die wilde Bestie wirklich. Wir hörten in der Nähe bedrohliches Rascheln von den Blättern. *Swaami*, mit seinem Besen bewaffnet, stand schnell auf, bereit, die Wildkatze anzugreifen, bevor sie uns anfiel. Ich stand auch auf, schlich auf Zehenspitzen mit meiner bleistiftgroßen Taschenlampe zu ihm hinüber...und plötzlich stand sie vor uns! „Ja, das ist sie, die wilde Bestie!" sagten wir zueinander, als eine alte Hündin an uns vorüberhumpelte. Die Arme sah so aus, als hätte sie schon Hunderte von Welpen geboren. Wir lachten weiter und gaben den Versuch, noch mal zu schlafen, schließlich auf. Wer braucht denn auch Schlaf, wenn man mit Amma unterwegs ist?

Am nächsten Morgen schickte Amma *swaami* Ramakrishnananda zurück nach Amritapuri, weil sie nicht wollte, dass irgendein *brahmachari* das Gefühl bekäme, dass sie jemanden bevorzuge. Dann war ich alleine mit Amma. Es ist der geheime Wunsch, den jeder Schüler in seinem Herzen trägt, den *guru* einen Tag für sich allein zu haben.

Da es keine Duschen gab, beschlossen wir uns im Teich auf dem Gelände zu waschen. Das Wasser war ein bisschen braun und trübe, aber immerhin kühl und erfrischend. Amma liebte es, im Wasser zu sein und ließ sich vergnügt, in der Lotus-Position auf dem Rücken liegend, auf dem Wasser treiben. Ich war glücklich, einfach nur am Rand des Teiches zu stehen und Amma zuzuschauen, wie sie friedlich dahintrieb und die Zeit im Wasser nur mit sich selbst genoss. Als wir aus dem Teich herauskamen, waren wir ein bisschen schmutziger als vorher, weil der braune Schlick an uns kleben blieb. Das störte uns aber nicht im geringsten, da es an diesem Tag kein Programm und keine offiziellen Geschäfte gab, um die wir uns kümmern mussten - wir konnten es uns deshalb leisten, so auszusehen.

Amma freute sich sehr darüber, draußen in der Natur zu sein und betrachtete lange die Bäume und den Himmel. Sie sagte, dass das alles so wunderschön sei. Sie hatte so selten in den letzten Jahren die Gelegenheit den Himmel zu betrachten, ohne dass

sich eine Menschenmenge um sie geschart hätte. Hier war die Schöpferin des Universums und bestaunte ihre eigene Schöpfung.

Wir hatten eigentlich geplant, zwei Tage lang unterwegs zu sein, aber schon am späten Vormittag des nächsten Morgens fühlte Amma den Kummer ihrer Kinder, die sie zurückgelassen hatte und die sie vermissten. Als ich am Nachmittag mit Amma am Brunnen saß, sang sie ein klagevolles *bhajan* zum Himmel, zu den Felsen, zum Wasser und zur ganzen Schöpfung. Ihr liefen die Tränen über das Gesicht, während sie sang. Ich fragte mich, warum sie weinte. Weinte sie um uns alle, die wir so fest in den Fängen *maayaas* gefangen waren? Oder anstelle derjenigen, die nicht nach Gott weinen können? Oder weinte sie über die Selbstsucht, die so tief in uns allen verwurzelt ist und die sie schon seit Jahren erfolglos versuchte, in uns auszulöschen?

Schließlich stand sie auf und sagte: „Lass uns zurückgehen. Die Kinder sind alle so traurig. Sie halten Ammas Abwesenheit nicht aus." Ich war wirklich verblüfft. Amma hätte noch bleiben können, um sich am Frieden und der Einsamkeit dieser wunderschönen Umgebung zu erfreuen. Es war eine seltene Gelegenheit in ihrem Leben, einige Zeit allein zu verbringen. Aber hatte man je gehört, dass Amma ihre Freude oder ihr Wohlergehen über den Kummer anderer gestellt hätte?

Wir fuhren also zurück in den *ashram*. Während ich fuhr, schien mir, als würden sich alle möglichen Hindernisse manifestieren, um meine Fahrkünste zu testen. Irgendwann tauchte plötzlich ein Elefant auf, der eine Parade mit vielen Menschen anführte. Glücklicherweise gelang es mir, nicht mit etwas zusammenzustoßen.

Auf halbem Weg zurück kam uns ein hupendes Fahrzeug entgegen. Die Insassen winkten uns wie wildgeworden zu, damit wir anhielten. Einer der *ashram*-Bewohner hatte sich entschlossen, unserem Verschwinden nachzugehen und ein Taxi bestellt, damit er uns suchen konnte. Amma lachte ein bisschen wie ein unge-zogenes Kind und sagte: „O nein, sie haben uns erwischt!" Der Mann war sehr außer sich, dass wir einfach so gegangen waren, ohne jemanden darüber zu informieren. Er kletterte zu uns ins Auto und wir setzten unsere Heimfahrt fort.

Als wir im *ashram* ankamen, standen alle Bewohner schwei-gend aufgereiht, ihre Gesichter leuchteten vor Hingabe, als wir an ihnen vorbeifuhren, da sie darauf gewartet hatten, einen kurzen Blick auf Amma zu werfen. Ich fragte mich, ob sie sich über das Ausmaß von Ammas Liebe für sie im Klaren waren, die sie ver-anlasst hatte, diese kostbare Gelegenheit, ein paar Tage alleine zu verbringen, für sie zu opfern. Amma und ich verzogen beide keine Miene, als wir ausstiegen. In meinem Herzen aber strahlte ich noch immer vor Freude über all die Erinnerungen an unser Lachen und an diese besondere Zeit, die wir miteinander hatten.

Erst später fanden wir heraus, dass es zu dieser Zeit des Jahres in Varkala überhaupt keine Wildkatzen gibt. Außerdem erneuere ich meinen Führerschein noch immer jedes Jahr - nur für alle Fälle!

❦

Mein Herz bringt Dir alles dar,
aber meine Gedanken
schleichen immer wieder zurück in die Welt.
Erwecke mich aus diesem verrückten Traum.
Ich habe Dir mein Herz geschenkt,
aber mein Körper und Geist sind leer in dieser Welt zurückgelassen.
Nichts bedeutet mir etwas,
die Welt hat ihre Lieblichkeit verloren.
Die einzige Nahrung, die ich finden kann,
sind meine sehnsüchtigen Gedanken an Dich.
Ozean des Mitgefühls,
bitte vergieße ein paar Tropfen des Mitgefühls
für diese gequälte Seele.

❦

Kapitel 8

Unser Leben, unser saadhana

*„Saadhana sollte nicht
um der eigenen Befreiung Willen getan werden,
sondern um die Fähigkeit zu entwickeln, liebevoll, mitfühlend
und verständnisvoll genug zu werden,
um dem Leid in der Welt ein Ende zu machen.
Wir müssen so großherzig werden, dass wir die Leiden anderer
als die unsrigen erfahren und uns darum bemühen,
deren Leiden zu lindern."*

Amma

Die meisten Menschen denken, dass *saadhana* nur aus bestimmten spirituellen Übungen besteht, wie *japa*, Meditation, *bhajans* singen oder dem Wiederholen von *mantras*. Wie dem auch sei, um wirklich das Ziel der Gottverwirklichung zu erreichen, kann *saadhana* nicht eine Handlung sein, die *getrennt von* unserer Lebensweise gesehen wird. Unser ganzes Leben sollte unser *saadhana* werden, nicht nur die paar Stunden täglich, die wir mit bestimmten spirituellen Übungen verbringen.

Unser Verhalten in jeder einzelnen Situation sollte als *saadhana* verstanden werden. Amma sagt, dass wir unseren spirituellen Fortschritt danach beurteilen können, wie wir in Situationen reagieren, in denen etwas schief läuft. Werden wir schnell zornig oder können wir uns anpassen und auf die jeweiligen Umstände einstellen? Wir sollten üben, in jeder Situation zu jeder Zeit in der richtigen Weise zu handeln. Amma meistert jede Situation - nichts kann sie aus der Fassung bringen. Sie dient uns als perfektes Vorbild, dass es möglich ist, mit echter Unterscheidungskraft immer zur richtigen Zeit das Richtige zu tun.

In den Anfangsjahren des *ashrams* gab es keinen bestimmten Tagesablauf, an den wir uns hielten. Wir erledigten einfach die Arbeiten, die getan werden mussten und verbrachten die übrige Zeit mit Amma. Nach ein paar Jahren forderte sie uns auf, einen Zeitplan zu erstellen, an den wir uns halten sollten, was zunächst eine Herausforderung für uns war, aber wir gaben unser Bestes, ihren Anweisungen zu folgen.

Amma hat uns immer dazu angespornt, unser *saadhana* mit Beständigkeit und Konzentration zu tun und war sehr erfinderisch darin, uns zu disziplinieren. Wenn wir in der Früh nicht zum Morgen-*archana* erschienen waren, lief sie gelegentlich herum und hämmerte überfallartig an unsere Türen, um uns aufzuwecken. Aus Furcht vor Amma kamen wir dann ein paar Tage regelmäßig. Es war nicht einfach, bei Ammas vollem Stundenplan Regelmäßigkeit in unserem Üben beizubehalten.

Während der Meditationen hatte sie manchmal ein Häufchen Kieselsteine neben sich liegen. Wenn sie sah, dass jemand einschlief oder die Konzentration verlor, bewarf sie ihn damit - immer zielsicher. Das war eine geschickte Methode, um die meisten aufmerksam und wach zu halten.

Eines Tages beschloss Amma, dass wir acht Stunden täglich meditieren sollten. Die meisten von uns glaubten, dass wir das auf keinen Fall schaffen würden. Amma hatte jemandem erklärt: "Ich lasse sie so lange sitzen, damit sie verstehen lernen, wie wir für all unsere Probleme immer andere verantwortlich machen.

Wir denken, dass all die Probleme von außen kommen, aber in Wirklichkeit entstehen sie in uns, durch unsere eigenen Gedanken. Auf diese Weise können wir erkennen, dass es in Wahrheit das Gemüt ist, das unsere Probleme erschafft. Schon zu Beginn unseres spirituellen Lebens können wir verstehen, dass all die Schwierigkeiten in unserem eigenen Geist entstehen."

In der ersten Zeit, in der ich im *ashram* lebte, hatte ich den Wunsch, tagsüber hart arbeiten zu können und die ganze Nacht mit Weinen nach Gott zu verbringen. Es war das, was Amma ja auch getan hatte. Ich stellte mir vor, wie ich lange fasten, Stunden in tiefster Meditation versinken oder mir schwere Entbehrungen auferlegen würde, während ich völlig ruhig auf einem Bein in einer Yogaposition stünde. Tatsächlich ist das alles nicht so gewesen. Stattdessen putzte ich endlos Toiletten, schnippelte Gemüse und schlief während meiner Meditationen meistens ein.

Mir wurde klar, dass wir, auch wenn wir uns wünschen, harte Entbehrungen auf uns zu nehmen, dazu nicht die nötige Stärke haben. Wir mögen hochfliegende Träume und Fantasien davon haben, vollendete spirituelle Schüler zu werden, aber in der heutigen Zeit haben die meisten von uns nicht die nötige Ausdauer und Selbstdisziplin für häufiges *tapas*. Es kann sein, dass unsere Gedanken nach nur fünf Minuten intensivem Weinen nach Gott schon wieder zu weltlichen Dingen wandern. Sobald wir anfangen darüber nachzudenken, wann es wieder etwas zu essen gibt, sind unsere Tränen schon wieder getrocknet und die hingebungsvollen Gedanken verschwunden.

Da die meisten von uns nicht für längere Zeit zu *tapas* in der Lage sind, müssen wir uns für unser *saadhana* einfachere Ziele stecken. Im Umgang mit anderen etwas Liebe durchschimmern zu lassen ist besser, als alle möglichen Entsagungen auf sich zu nehmen. Es kann das Gesicht der Welt sehr verändern, wenn wir versuchen, freundlich zu anderen zu sein, ihnen zu helfen, auch ohne gefragt zu werden und besonders dann, wenn wir gefragt werden. Was ist der Sinn aller spiritueller Übungen, wenn sie uns nicht dazu verhelfen, mehr Mitgefühl für andere zu entwickeln und von größerem Nutzen für die Welt zu werden? Jahrelang sang Amma fast jeden Tag das *bhajan „shakti rupe"*. Sie sang:

> *„Ist es nicht merkwürdig,*
> *dass wir die Bettler vor den Türen mit Füßen treten,*
> *nachdem wir den Tempel ehrfurchtsvoll umrundet haben?*
> *Ist das nicht Missbrauch des Pfads des Wissens?*
> *Was nützt es, wenn wir an Dich denken*
> *und andere währenddessen verletzen?*
> *O Mutter, wozu ist es denn nötig, Dir zu dienen,*
> *wenn wir anderen dienen,*
> *während unsere Gedanken bei Dir verweilen?*
> *Ist das nicht auch karma yoga?"*

Amma hat nie versucht, jemandem ihre Lehren aufzuzwingen, aber durch das tägliche Singen dieses bedeutungsvollen *bhajans* prägten sich die Worte tief ein.

Albert Einstein wurde einmal gefragt, was denn das Wichtigste war, was er von den Schriften der Weltreligionen gelernt hatte. Er sagte: „Das Wichtigste, das ich gelernt habe, ist ein bisschen liebenswürdig zu sein." Amma erinnert uns oft daran, dass wenn wir anderen auch nicht materiell helfen können, wir wenigstens lächeln und sie mit freundlichen Worten trösten können und versuchen sie aufzuheitern. All diese Handlungen können zu spiritueller Praxis werden, die uns hilft, unseren Geist zu klären.

Nicht jeder kann in die Welt ziehen und mit seinen Händen anpacken. Menschen, die dazu in der Lage sind, sollten das tun und die, die es nicht können, sollten einfach positive Gedanken hervorbringen. Es wird oft gesagt, dass Gedanken mächtiger sind als Handlungen. Unser Körper und unser Geist wurden uns

nicht nur zu unserem eigenen Nutzen gegeben, sondern auch, um zu lernen, anderen zu dienen. Wir sollten versuchen, unser Möglichstes zu tun, uns selbst zu geben, um der Menschheit zu nutzen. Amma gibt sich ständig für alle hin und dient uns damit als perfektes Beispiel, um ihr nachzufolgen.

In jungen Jahren waren ihre Tage und Nächte, was auch immer sie tat, angefüllt mit Gedanken an Gott. Nach ihren Hausaufgaben erledigte sie noch die gesamten Arbeiten im Haushalt, aber damit nicht genug, zusätzlich ging sie noch in viele andere Häuser im Dorf und übernahm dort ebenfalls die ganze Hausarbeit.

Damayanti Amma hat ihr nie gesagt, dass sie diese ganze Arbeit machen soll, es war Ammas eigene Idee. Ihre Mutter war glücklich darüber, dass sie so hart arbeitete, aber sie mochte es überhaupt nicht leiden, wenn Dinge aus ihrem Haus verschwanden. Es gab eine Redensart in Ammas Familie: „Ob Du Hunger hast oder nicht – iss!, sonst bringt Sudhaamani es jemand anderem, und wenn Du dann Hunger bekommst, ist nichts mehr da." Sie hatten Angst, dass wenn sie ihr etwas Schönes zeigten, das sie besaßen, sie es an andere weggeben würde, die es nötiger brauchten.

Damayanti Amma hatte Kühe und diese waren bekannt für die hohe Qualität der Milch, die sie gaben. Sie war eine sehr ehrliche und moralische Frau, nicht so wie andere, die verwässerte Milch verkauften, um mehr damit zu verdienen. Sie war sogar so ehrlich, dass sie die Töpfe wusch und jeden Tropfen Wasser anschließend auswischte, bevor sie die Milch einfüllte. Sie wollte sicher gehen, dass kein einziger Tropfen Wasser in die Milch gelangte, so wichtig war ihr Ruf für sie. Die Marktleute wussten, dass die Milch wirklich rein war, wenn sie von Damayantis Haus kam.

Täglich wurde eines der Kinder auf den Markt geschickt, um die Milch dort für den Verkauf abzuliefern. Wenn Amma an der Reihe war, ging sie damit schnurstracks zu Leuten, die sich keine Milch leisten konnten. Sie kochte ein bisschen davon und gab sie ihnen zu trinken. Danach ersetzte sie die fehlende Menge Milch mit Wasser, bevor sie in die anderen Häuser ging und dort das Selbe tat. Wenn sie dann endlich am Milchstand ankam, war die Milch schon ziemlich wässrig. Eine Zeit lang sagte der Ladenbesitzer nichts dazu, weil er dachte, dass die Kuh vielleicht krank wäre. Aber schließlich musste er wegen der Sache doch zu Damayanti gehen. Es war ihm sehr unangenehm, ihr davon erzählen zu müssen und sie für das Verwässern der Milch zu beschuldigen, wo sie doch für ihre Redlichkeit so bekannt war. Mutter Damayanti rief Amma und brüllte sie an: „Was hast Du mit der Milch gemacht?" Amma antwortete gelassen: „Da waren Leute, die keine Milch hatten, da habe ich ihnen davon gegeben."

Amma wusste schon sehr früh, dass Spiritualität sich in unseren Handlungen zeigt. Wenn jemand etwas brauchte und sie die Möglichkeit hatte zu helfen, tat sie es. Amma hatte keine Angst vor Strafe. Sie konnte nur Seelenfrieden finden, wenn sie das Äußerste tat, um den Leidenden zu helfen.

Es gab einmal einen weisen Yogi, der jede Tätigkeit, wenn sie auch noch so unbedeutend war, mit völliger Aufmerksamkeit ausführte. Er reinigte einen Kupferkessel mit der gleichen Sorgfalt, wie er die Gottesverehrung im Tempel verrichtete. Dieser weise Yogi war selbst immer das beste Beispiel für das Geheimnis des richtigen Handelns, in allem was er tat. Er sagte nämlich: „Wir sollten die Mittel so lieben und pflegen, als wären sie schon das Ziel selbst."

Amma sagt, dass spirituelle Praxis nicht bloße körperliche Übungen sind, sondern, dass sie dazu bestimmt sind, letztendlich unseren Geist und Intellekt auf das Höchste auszurichten.

Diejenigen, die ihr *saadhana* mit der richtigen Einstellung und Absicht ausführen, werden alles erhalten, ohne danach fragen zu müssen.

Heutzutage fällt uns Konzentration oft schwer. Unser Geist wird von so vielen Dingen abgelenkt, aber es ist unsere Aufgabe, ihn zu kontrollieren. Um erfolgreich zu sein, ist in jeder Lebenslage große Disziplin notwendig. Spirituelle Disziplin ist nichts anderes, als das Bündeln zerstreuter Gedanken. Wenn da auch nur der kleinste Wunsch ist, kann unser Geist nicht völlig in Gott aufgehen. Wahre Meditation ist ein ununterbrochenes Fließen der Gedanken hin zu Gott, aber wie viele von uns sind in der Lage, ständig vollkommen auf Gott gerichtet zu sein? Bis wir dieses Ziel erreicht haben, üben wir nur und bereiten uns auf die wahre Meditation vor.

Amma empfiehlt einen Ausgleich zur spirituellen Praxis. Auf der Nordindientour sagte sie zum Beispiel einmal, dass *satsang* zusätzlich zur Meditation selbst für Yogis notwendig ist, die in den Höhlen des Himalaya leben, andernfalls könnten auch sie der Illusion erliegen. In *satsangs* sprechen wir über Themen, die Spiritualität betreffen und singen zusammen *mantras*, was sowohl unser Gemüt, als auch die Atmosphäre reinigt. Ohne *satsang* sind wir wie Bäume am Straßenrand, die ungewollt den Staub des ständigen Verkehrs atmen.

Manche sagen, wir sollten nichts tun, weil jede Handlung neue *vaasanas* erzeugt. Aber selbst dann, wenn wir meditieren, ist der Geist immer noch aktiv, wenn auch in anderem Bereich. Von daher sollten unsere Handlungen wenigstens zum Nutzen der Welt geschehen, indem wir selbstlos dienen. Amma hat gesagt: „Wenn ihr spirituelle Übungen macht, ohne dabei selbstlos zu handeln, ist das wie ein Haus zu bauen, das keine Türen hat oder keinen Weg zum Eingang."

In den Anfangsjahren des *ashrams* begann ein *brahmachari*, ein Fotostudio zu betreiben. Es gab dabei allerdings ein Problem - er litt unglücklicherweise unter einer Augenkrankheit und sah nicht besonders gut. Ich fragte Amma um Erlaubnis, ihm helfen zu dürfen, weil ich sah, wie viel Mühe ihn das kostete. Ich hatte ihm erst eine Woche assistiert, als Amma mich plötzlich damit beauftragte, diese Arbeit ganz zu übernehmen. Ich war völlig überrascht. Ich sagte ihr, dass ich nicht daran interessiert sei, die Verantwortung für die Fotoabteilung zu übernehmen, sondern einfach nur helfen möchte. Ammas Antwort war: „Wer kann wem helfen?"

Ich versuchte lange zu verstehen, was Mutter mit diesen wenigen Worten gemeint hatte. Es klang wie ein Satz aus dem *vedaanta,* über den ich viele Jahre nachdenken könnte, um seine vollständige Bedeutung zu erfassen. Nach Ammas Antwort hatte ich keine andere Wahl, als die Produktion der Fotos zu übernehmen. Wir besaßen einen alten, kaputten gebrauchten Vergrößerungsapparat und benutzten chemische Entwickler bei Raumtemperatur. Ich verstand so gut wie gar nichts von dieser Arbeit, war aber gerne bereit, all die Verfahren zu lernen. Erst später wurde mir klar, dass fast niemand jemals mittels dieser primitiven Methode Farbfotos entwickelt und Abzüge gemacht hat, aber durch Ammas Gnade wurden die meisten Fotos besser, als sie es in jedem professionellen Studio geworden wären.

In den zehn Tagen eifriger Fotoproduktion fand ich nicht einmal Zeit zum Meditieren. Ich fühlte mich nicht wohl deswegen und erzählte Amma davon. Sie antwortete: „Diese Arbeit *ist* Deine Meditation. Du weißt nicht, wie viel Glück Du hast. Menschen auf der ganzen Welt weinen nach Ammas Gestalt, und Du hast sie die ganze Zeit hier vor Dir. Das *ist* Deine Meditation."

Amma sagt uns immer wieder, wie wichtig es ist, im Leben ein Ziel zu haben. Das wird im spirituellen Leben oft betont, aber bevor wir es nicht selbst erfahren haben, mögen wir nicht erkennen, wie unerlässlich dies ist. Nur durch persönliche Erfahrung können wir wirklich verstehen. Für mich war das der Fall mit meiner Entscheidung die *sannyaas*-Gelübde abzulegen.

Dies wurde vor vielen Jahren an mich herangetragen. Ich war total geschockt. Ich hatte das nie für mich in Betracht gezogen, obwohl ich merkte, als ich aufgefordert wurde, darüber nachzudenken, dass mein Leben in keine andere Richtung als einer spirituellen gehen würde. Als ich das erste Mal zu Amma kam, hatte ich den Wunsch, Kinder zu haben und zu reisen, aber seitdem ich Amma getroffen habe, sind diese Wünsche einfach von mir abgefallen. Trotzdem fühlte ich mich noch nicht reif für *sannyaas*. Aber dann schlug jemand vor: „Nun gut, dann versuche halt reif zu werden."

Diese Idee überraschte mich, machte aber Sinn. Von da an hatte ich in den nächsten sechs Monaten nur dieses eine Ziel vor Augen: mich für *sannyaas* bereit zu machen. Es lag mir im Magen und die Worte kreisten immerzu in meinem Kopf: „Versuche, reif zu werden." Es war wie ein Tauziehen. Der eine Gedanke war: „Wie könntest du die Welt jemals glauben machen, dass du dafür reif bist?" Eine andere Stimme aber sagte: „Dein Leben ist für nichts anderes bestimmt." Diese Gedanken spornten mich dazu an, alles richtig zu machen.

Ich begann zu verstehen, warum es so wichtig war, ein Ziel zu haben. Indem ich dieses Ziel hatte, fiel alles, was mich davon ablenkte, einfach von mir ab. Ich hatte etwas Wichtiges in meinem Leben, auf das ich versuchen wollte mich vorzubereiten und ich wollte reif dafür werden.

Ein halbes Jahr später wurde mir gesagt, dass Amma mir anbot die *sannyaas*–Gelübde abzulegen. In der Nacht vor der Zeremonie rief mich Amma in ihr Zimmer und stellte mir nur eine Frage: „Bist Du in Deinem Herzen bereit dafür?" Nach so langem Nachdenken darüber und dem Versuch, mich darauf vorzubereiten, konnte ich ihr ehrlich antworten: „Ja." Ich fragte Amma, was ich tun könnte, um mich zu verändern. Ihre Antwort war: „Lies Ammas Bücher"; was ein guter Ratschlag für uns alle ist, da wir das mühelos tun können.

Alle spirituellen Praktiken haben die Absicht, uns Konzentration zu lehren, damit wir einen klaren Geist erreichen und schließlich auf der letzten Stufe eins werden können mit Gott. Auch wenn wir mit unserer spirituellen Praxis weitermachen müssen, um Disziplin zu entwickeln und unser Bewusstsein zu schärfen, habe ich für mich selbst herausgefunden, dass der beste Weg dorthin über selbstloses Dienen führt. Die meisten von uns haben ein *rajasisches* Gemüt und können sich nicht über längere Zeit konzentrieren, dafür vielleicht eher stundenlang arbeiten. Amma gibt uns so viele Möglichkeiten, durch selbstloses Dienen unser Gemüt zu klären, was jeder von uns tun kann, wo auch immer in der Welt wir leben.

O mein Geist,
warum willst du nicht mein Freund sein?
Wir könnten so glücklich zusammen sein.
Warum nur willst du so lange
tief in den dunklen Gewässern der maayaa tauchen
ohne auch nur den Wunsch zu verspüren,
wieder einmal aufzutauchen,
um die reine Luft zu atmen, die darauf nur wartet?

Du weißt, bei Gott zu verweilen macht uns beide glücklicher,
als alles, was wir je gekannt haben.
Wie nur kann ich dich davon überzeugen?
Wie dazu verlocken,
diese Glückseligkeit immerzu mit mir zu teilen?
Warum verlangt es dir danach,
im Morast dieser Welt zu verweilen,
anstatt am klaren, reinen Himmel zu fliegen?

O mein Geist,
ich würde dir alles geben was du willst,
wenn du mich dafür nur eine Weile länger
bei meinem Geliebten ließest -
dem mit den blauen Lotus-Augen,
der mich so oft sanft mit seinem Flötenspiel ruft.
Nur für diese kurze Zeit länger mit ihm
würde ich dir alles geben.

O mein Geist,
wir beide haben die Chance, in Frieden zu verweilen.
Warum kommst du nicht mit mir dorthin?

Kapitel 9

Selbstloser Dienst

„Versuche selbstlos mit Liebe zu arbeiten.
Gib Dich selbst ganz in alles, was Du tust,
dann wirst Du in jeglicher Arbeit Schönheit erfahren."
Amma

Als ich das erste Mal zu Amma kam, wollte ich lernen, wie man ein spirituelles Leben führt. Ich hatte die Unbeständigkeit jeglicher Freude, die im weltlichen Leben gefunden werden kann, gesehen und hatte das Gefühl, dass nur ein spirituelles Leben wahres Glück bringen würde.

In den Anfangsjahren waren wir wenigen, die wir mit Amma lebten, nicht annähernd so diszipliniert, wie wir es heute sind. Wir hatten nur wenig Verständnis davon, was es bedeutete, ein spirituelles Leben zu führen und wollten immer nur in Ammas Nähe sein, auf ewig ihre *devotees*. Nach den ersten paar Jahren im *ashram* begann Amma das Wort Dienen uns gegenüber zu betonen. Wir schauten uns überrascht an, weil wir damals noch nicht verstanden, wie wichtig Dienen in unserem Leben werden sollte. Damals war ihr *darshan* das primäre Mittel, ihre Liebe auszudrücken. Niemand von uns hatte eine Ahnung davon, dass sie eine der größten Dienerinnen der Menschheit werden sollte.

Mit der Zeit, in der Amma auf selbstlosen Dienst immer größeren Wert legte, wuchs allmählich unser Wunsch der Welt zu dienen. Er erblühte aus dem kleinen Samen, den Amma in unsere Herzen gepflanzt und mit ihrer Aufmerksamkeit und Liebe genährt hatte. Der Welt zu dienen war nun zu unserem größten Wunsch geworden. In den Herzen all jener, die in dieser Zeit zu Amma kamen, wurde das innigste Gebet: „Amma, gib uns die Kraft und die Reinheit, der Welt dienen zu können."

Einer der unvergesslichsten Momente mit Amma waren die Autofahrten nach dem Ende der langen *darshan*-Programme, meistens schon in den frühen Morgenstunden, in denen wir alle sehr müde waren. Amma dagegen, die nie zu müde ist für einen weiteren *darshan,* rief einen Jungen zu sich ins Auto, um ein Stück mitzufahren. Er saß neben ihr und sagte: „Amma, bitte versprich mir, dass Du irgendwann mal Urlaub machst."

Amma zog lachend seinen Kopf an ihre Schulter. Dann sagte sie: „Sohn, das *ist* Ammas Urlaub. Wir kommen mit nichts auf diese Welt und genau so gehen wir wieder. Der Körper bekommt selbst dann Krankheiten, wenn wir uns viel ausruhen und er wird vergehen, wenn es an der Zeit ist - was wir auch tun mögen. Lasst uns wenigstens ein paar gute Dinge für die Welt bewirken, solange wir hier sind und unsere Dankbarkeit zeigen."

Ich fühlte mich so gesegnet, diese Worte zu hören. Es war, wie *Krishnas* Lehren zu lauschen, die er *Arjuna* auf dem Schlachtfeld erteilte. Amma war der göttliche *guru,* der dem Schüler Worte der Weisheit vermittelt, die liebende Mutter, die ihr Kind berät und auch eine enge Freundin, die gute Ratschläge gibt. Über diese wenigen Sätze nachzudenken, war wie alle großen spirituellen Lehren zusammengefasst in einer Nussschale zu betrachten. Amma ist wahrhaft eine der größten *mahaatmas,* die jemals auf dieser Erde gewandelt sind und die ihre Größe in einem einfachen, weißen Sari verschleiert.

Amma erinnert uns daran, dass dieser Körper eines Tages vergehen wird. Wir werden alle irgendwann sterben. Ist es dann nicht besser, den Körper für eine gute Sache zu verbrauchen, als einfach nur vor uns hinzurosten? Auch wenn wir still dasitzen und versuchen zu meditieren, tauchen ständig Gedanken in unserem Geist auf. Deshalb sollten wir unseren Körper und Geist zum Wohle anderer benutzen.

Für die meisten von uns ist es schwierig, Konzentration durch andere Formen von *saadhana* zu erlangen. Folglich wird selbstloses Arbeiten zu unserer wichtigsten spirituellen Praxis. Wir mögen während unserer Meditation nicht genug fokussiert sein, um Gott all unsere Gedanken darzubringen, so wird eben unsere Arbeit zum Ausdruck von Verehrung und Opfer. Amma gibt uns die Gelegenheit, durch selbstloses Dienen einen klaren und zielgerichteten Verstand zu erlangen. Sie versucht permanent, uns von einem Leben, welches auf diesen Prinzipien beruht, zu begeistern.

Durch alles, was wir vom Leben nehmen, entsteht uns irgendwie *karmische* Schuld. Wir sollten uns bemühen, Freude im Leben darin zu finden, diese Schulden in Form von Liebe und Dankbarkeit zurückzuzahlen. Wir sollten nicht träge in der Ecke sitzen, sondern mit den Talenten, die wir haben, hart arbeiten. Es liegen so viele Fähigkeiten in uns verborgen, die wir zum Nutzen aller entfalten sollten. Das Leben ist ein kostbares Geschenk, das uns nicht gegeben wurde, um unseren Sinnenfreuden zu frönen, sondern um Gutes in der Welt zu bewirken. Wir sollten unsere Gaben und Talente nicht ungenutzt lassen.

Während der Nordindientour besuchten wir einmal Mananthavadi, das Amma immer „Ananadavadi" nennt, was soviel wie „Ort der Glückseligkeit" bedeutet. Als das Auto, in dem Amma saß, den Hügel hinaufrollte, warteten die *aadivaasi* schon, um sie auf ihre traditionelle Weise zu begrüßen. Sie tanzten voller

Freude vor dem Auto herum. Alte Frauen in weißer Kleidung, die schon abgetragen war, flatterte fröhlich um sie herum, als sie ausgelassen für Amma tanzten. Sie war für ein Drei-Tage-Programm gekommen, um ihnen die Tränen zu trocknen und ihre Sorgen fortzunehmen, wovon sie wahrlich viele hatten.

Das Leben ist hart für diese Menschen, die in den Tee- und Kaffeeplantagen Keralas leben. Die meisten haben keine Arbeit. Oft verfault die Ernte in den Hügelgebieten, weil es niemanden gibt, der das Angebaute kaufen würde. Durch niedrigere Preise in anderen Gegenden ist der gesamte Handel zurückgegangen. Wer zahlt schon freiwillig mehr, wenn er die gleiche Ware billiger bekommen kann, nur, um die Existenz der Armen zu sichern? Unglücklicherweise nur sehr wenige. Die armen Bauern haben niemanden, der ihnen die Ernte abkauft und ohne Handel können sie niemanden einstellen, der für sie arbeitet.

Als wir in Ammas Auto den Hügel hinaufkrochen, tanzten die Menschen und wedelten mit den Händen in einfachen Tanzgebärden. Ein kleiner, ungefähr achtzigjähriger Mann wollte auch für Amma tanzen. Er umklammerte mit einer Hand einen Schirm und sprang, nicht ganz so anmutig wie die Frauen, auf und ab. Der große blass-rosa Turban auf seinem Kopf ergänzte die komische Szene, indem er ebenfalls auf- und abhopste. Einer der Organisatoren versuchte ständig, ihn aus dem Weg zu drängen, aber er schaffte es immer wieder, vor das Auto zurückzuspringen.

Amma sagte, dass diese Menschen die Unschuld kleiner Kinder hätten. Es ist die absichtslose Haltung, welche die Gnade des Meisters anzieht. Diese armen Dorfbewohner wussten um den Segen, den sie von einem göttlichen Wesen erhalten würden, deshalb tanzten ihre Herzen und Seelen einen Freudentanz. Sie waren gebadet in der süßen Liebe ihrer göttlichen Mutter. Amma sagte, dass ihr dort viele Menschen während des *darshans* nur eine einzige hartverdiente Rupie in die Hand drückten. Inspiriert durch Amma wollten auch sie geben, obwohl sie nichts besaßen. Ihre Ein-Rupie-Münze würde zweifellos in Gold verwandelt, da es alles war, was sie hatten. Sie war wertvoller als Millionen eines Reichen, der so viel besitzt.

Es ist für alle immer eine glückliche Zeit, an diesem Ort zu sein, wo die Luft und die Umgebung so klar und rein sind und das Strahlen der lieblichen Gesichter eine bleibende Freude hinterlässt. Während Ammas Programmen wird die Landschaft zu ihrem reisenden *ashram*. Überall kümmern sich Menschen um die Bedürfnisse anderer. *Mantras* erfüllen den Raum in Form von *sanskrit*-Gesängen oder dem Singen von ekstatischen *bhajans*, die den Namen Gottes preisen. Die Schwingungen, die dabei entstehen, reinigen die ganze Umgebung, sogar das ganze Land und womöglich die ganze Welt.

Am ersten Programmtag schaute ich aus meinem Fenster und sah, dass es ein wunderschöner Tag und überhaupt eine wunderschöne Welt da draußen war. Ich konnte die *devotees* in der Kantine sehen. Lächelnd verteilten sie einfaches, aber nahrhaftes Essen an die hungrigen Menschen, die in der Wartereihe standen. Die arbeitenden *devotees* waren glücklich, anderen *devotees* zu dienen. Gibt es einen größeren Segen, als Gottes Verehrern Essen zu servieren? Und die Menschen, die das Essen erhalten hatten, waren glücklich, weil sie wussten, dass die paar kleinen Münzen, die sie für die Mahlzeit bezahlt hatten, Ammas karitativen Projekten und damit den Leidenden zugute kommen würden.

Was für einen unglaublichen Kreislauf des Dienens Amma geschaffen hat! Wahrhaft eine „Jeder-gewinnt" Situation. Diejenigen, die hart arbeiten, indem sie dienen, werden belohnt mit gutem *karma* in der Zukunft und hier und jetzt durch die Zufriedenheit, die sie aus der Arbeit ziehen. Diejenigen, die Geld geben, indem sie etwas kaufen, erfreuen sich an den Dingen, die sie erstanden haben und zusätzlich über das Wissen, dass der gesamte Gewinn einer guten Sache zufließt. Und die Armen, die von Ammas karitativen Einrichtungen Hilfe erhalten, haben sich diese durch frühere Handlungen verdient. Dieser Kreislauf des Dienens bringt allen Freude.

Wir wissen nie, wie sich selbstloses Dienen für uns auswirken wird. Unzweifelhaft nur zu unseren Gunsten und in einigen Fällen kann es sogar unsere Leben retten. Es gibt eine Geschichte von zwei Männern, die in einer bitterkalten Nacht zusammen reisten: Es schneite heftig und beide waren schon völlig unterkühlt. Da sahen sie jemanden im Schnee liegen, der schon fast erfroren war. Einer der Männer schlug vor, dass sie ihn retten sollten, aber sein Begleiter ging einfach weiter und meinte, sie sollten lieber ihr eigenes Leben retten.

Aber er hörte nicht auf den Ratschlag seines Freundes, sondern packte den Sterbenden mit letzter Kraft auf den Rücken. So schleppte er sich mit der schweren Last weiter. Einige Zeit später fand er den Freund, der alleine weitergezogen war, erfroren im Schnee. Doch dem mitfühlenden Mann war durch die Anstrengung warm geworden und der Fremde, auf den diese Wärme abstrahlte, überlebte auf diese Weise. Durch sein hilfsbereites und selbstloses Handeln wurden ihrer beider Leben gerettet.

Seva kann unserem Leben einen neuen Sinn geben. Eine sechsundachtzig Jahre alte Frau aus Chennai litt unter Depressionen und hatte das Gefühl, dass es keinen Grund mehr für sie gab, am nächsten Morgen aufzuwachen oder überhaupt noch zu leben. Sie bot einer örtlichen Hilfseinrichtung ihre Mitarbeit an, aber die wollten nur Geldspenden. Dann erfuhr sie von der Möglichkeit, ein paar kleine Taschen und Geldbörsen zu nähen und sie Amma zu spenden, damit sie für ihre wohltätigen Zwecke verkauft werden können. Sie hatte ihre Hüfte gebrochen und benutzte trotz ihrer sechsundachtzig Jahre erstaunlicherweise immer noch eine alte Nähmaschine, die mit einem Fußpedal

angetrieben wurde. Obwohl es so schien, dass es für sie harte Arbeit sein müsste, wartete sie ungeduldig auf die Möglichkeit, anderen auch physisch helfen zu können. Durch diese Näharbeiten fand sie wieder einen Sinn in ihrem Leben und sie freute sich jeden Morgen darauf, wieder etwas Neues nähen zu können. Einmal schickte sie Amma ein paar von den Sachen. Sie sollten ihr während des *darshans* gegeben werden. Amma sagte, dass sie die Liebe spüren könne, mit der diese Taschen gefertigt wurden. Sie betrachtete sie lange glücklich und gab *prasaad* für die Frau mit, der es nicht möglich war zu Amma zu reisen.

Menschen, die bereit sind, selbstlos zu arbeiten, sind wertvoller als Gold. Ein *ashram*-Bewohner erzählte mir einmal von einer großen Hilfsorganisation mit nur hundert Mitgliedern, die ihre Leben diesem Hilfsprojekt verschrieben hatten und die gesamte Arbeit alleine machten. Jemand hatte ihnen einen dicken Scheck gegeben, aber die Organisation antwortete: „Wir brauchen kein Geld, gebt uns lieber fünf freiwillige Arbeiter, das würde uns so viel mehr helfen." Geld kommt und geht, das ist oft leicht zu bekommen, aber selbstlose Arbeiter sind sehr schwierig zu finden.

„Unser Reichtum zeigt sich in dem, was wir für andere tun können" sagte Sir Edmund Hilary, der weltberühmt ist für seine Leistung, als einer der Ersten den Mount Everest erklommen und als ebensolcher den Nord- und Südpol erreicht zu haben. Für die meisten Menschen könnte es kein gigantischeres Ziel geben, als den höchsten Berg der Welt zu besteigen und die Enden der Erde zu erreichen. Als aber Sir Edmund Hilary danach gefragt wurde, was seine größte Leistung war, erwähnte er diese Dinge nicht einmal. Er sagte, dass es für ihn die größte Leistung war, den Sherpas zu helfen, den einheimischen Stämmen in Nepal. Und er sagte weiter: „Wenn ich auf mein Leben zurückschaue, habe ich leise Zweifel, dass die lohnendsten Dinge, die ich getan habe, waren, auf den Gipfeln von Bergen zu stehen oder am

Nord- oder Südpol, obwohl das natürlich große Abenteuer waren. Meine wichtigsten Projekte waren der Bau und die Erhaltung von Schulen und Kliniken für die Armen im Himalaya."

Wir mögen nicht die Kraft oder die Energie haben, auf die Spitze des höchsten Berges der Welt zu steigen, aber wir besitzen die Fähigkeit spirituelle Höhen zu erklimmen. Die Entscheidung dafür liegt in unseren Händen. In jedem von uns liegen gewaltige Kräfte, aber wir schöpfen nur selten aus dieser inneren Quelle der göttlichen Energie.

Amma demonstriert die Fähigkeit, an diese unermesslichen Ressourcen von Energie und Mitgefühl zu gelangen permanent. Nachdem sie während eines Programms in Sivakasi in Tamil Nadu 20.000 Menschen *darshan* gegeben hatte, besuchte sie das Seniorenheim Anbu Illam, welches vom *ashram* verwaltet wird. Es war 4.30 Uhr in der Frühe und alle Bewohner warteten gespannt auf ihren Besuch. Frisch geduscht und in ihrer besten Kleidung waren sie bereit, einen kurzen Blick auf Amma zu erhaschen.

Amma besuchte sie alle einzeln auf ihren Zimmern. Im ersten Zimmer entdeckte sie, dass ein Teil des Bettbezugs schmutzig war und die Fenster dringend geputzt werden mussten. In anderen Räumen hingen Spinnweben und sogar ein Bienenvolk hatte begonnen, sich an einer Lichtröhre niederzulassen. Amma begann abzustauben und zu putzen und arbeitete sich so durch alle Räume des Gebäudes. Sie erlaubte niemandem vom Personal, ihr zu helfen und bestand darauf, alles alleine zu putzen. Sie schimpfte mit den Ärzten und Verantwortlichen. Sie sagte ihnen, dass es ein großer Verdienst sei, alten Menschen dienen zu können, die nicht mehr alleine für sich sorgen können und dass sie sich besonders anstrengen sollten, eine saubere Umgebung für diese betagten Menschen zu schaffen. Amma verbrachte die Nacht dort und die Bewohner waren überglücklich, sie bei sich zu haben. Sie baten sie darum, sich mit ihnen fotografieren zu lassen, was ihnen Amma gütig gewährte und ihnen damit einen großen Wunsch erfüllte.

Es war an ihrem 45sten Geburtstag, dass Amma *mir* einen Wunsch erfüllte. Ich hatte mir immer gewünscht, einmal Essen austeilen zu dürfen. „Die Dienerin der Diener" nennt sich Amma selbst manchmal. Den „Dienern der Dienerin der Diener" zu dienen schien mir eine großartige Sache zu sein, einer der größten Segen, die man erhalten kann. Da ich immer schüchtern war, hatte sich die Gelegenheit, den *devotees* zu dienen, nie ergeben, obwohl ich oft daran gedacht hatte. Es war einfach ein Wunsch, den ich schon lange in meinem Herzen gehegt hatte.

Dann hatte ich vorausgeplant und den Entschluss gefasst, an Ammas Geburtstag Essen zu servieren. In der riesigen Menschenmenge würde mich sicherlich niemand bemerken. Als ich all meinen Mut zusammengenommen hatte, ging ich herüber und fragte die Mädchen, die am servieren waren, ob ich wohl auch eine Zeit lang Essen austeilen könnte. Sie waren nur widerwillig einverstanden, weil sie diese Arbeit lieber für sich behalten wollten. Ich hatte mir ausgerechnet, dass das Austeilen von *papadam* sicher das Einfachste war, also fing ich damit an. Das Mädchen, von dem ich die Aufgabe übernommen hatte, sagte, dass sie sich auch darauf gefreut hatte, die Gelegenheit zu bekommen, den *devotees* zu dienen.

Ob da wohl eine ansteckende Krankheit im Umlauf war? Es schien, als ob jeder eine Gelegenheit suchte, in irgendeiner Weise zu dienen. Da waren so viele Menschen, mit und ohne „Freiwilliger Helfer-Plaketten", die viele Stunden lang wirklich hart arbeiteten und trotzdem sehr glücklich aussahen. Es gibt ein bekanntes Sprichwort „Geben ist seliger als nehmen" und es sah so aus, als würden die Menschen das an diesem Tag wirklich erfahren. Amma hat gesagt, dass man den Duft und die Schönheit einer Blume unwillkürlich zuerst empfängt, wenn man sie Gott mit Hingabe darbringt. In gleicher Weise erfahren wir den Segen, den wir durch selbstloses Dienen erhalten, noch vor demjenigen, dem wir dienen.

Viele haben Scheu davor, zum *darshan* zu gehen, wenn sie hart gearbeitet haben und keine Zeit hatten sich umzuziehen. Aber Amma sagt, dass der Schweiß der *devotees* wie Parfum für sie ist. Es ist die Anstrengung und die Haltung von Selbstlosigkeit, die sie in ihre harte Arbeit gelegt haben, die zu Parfum wird, weil sie benutzt wird, um andere zu erfreuen und Licht in das Leben der vielen Leidenden zu bringen.

Wir haben oft gesehen, wie Amma dafür ein Beispiel gibt, wenn sie kommt und mithilft, die Arbeit zu tun, die getan werden muss, wie sie Steine und Felsen auf ihrem Kopf trägt oder mithilft, Schmutz oder Sand von einem Platz zum anderen zu transportieren. Indem wir Amma beobachten, können wir viel lernen. Sie arbeitet mit so viel Konzentration und Freude. Damals, als der Tempel gebaut wurde erklang die Glocke nicht zum *satsang*, sondern zum Zement-*seva*. Als wir den *ashram* bauten sagte Amma, dass wir all die Arbeiten selber ausführen sollten, weil wir dann die Zufriedenheit, die Freude und die Erfüllung spüren würden, die daraus entsteht. Wir könnten sogar spüren, dass wir einen Teil von uns selbst in dieses Gebäude hineingaben. Das Fundament dieses Tempels besteht aus Zement ebenso wie aus Liebe. Wir hatten Zement an unseren Händen, auf unseren Kleidern und in den Haaren, vom Zureichen der Zement-*chatti*. Manchmal klebte er noch Wochen danach an uns und erinnerte uns damit an diese Zeit. Trotz all dem entsteht in uns immer ein großes Glücksgefühl, wenn wir hart für andere arbeiten können.

Um Ammas Gnade zu empfangen ist es nicht nötig, dass sie uns beim Arbeiten sieht. Es ist ein kosmisches Gesetz, dass durch selbstlose Arbeit für einen *guru*, egal an welchem Ort oder zu welcher Zeit - auch ungesehen - Gnade zu uns fließt. Mutter sagt, dass ihr Segen zu denjenigen, die selbstlos arbeiten und sich sehr anstrengen, fließen muss, egal was für Menschen sie sind.

Es ist so wundervoll, im Laufe der Zeit Veränderungen in den Menschen zu beobachten. Bei der ersten Begegnung mit Amma wünschen sich viele *devotees* nur, in der Nähe von Amma zu sitzen und sie anzuschauen. Nach einiger Zeit entdecken sie, wie erfüllend selbstloses Dienen sein kann und sind bereit, die Arbeit zu tun, die getan werden muss, auch wenn es nicht in Ammas unmittelbarer Nähe ist. Sie sind genauso zufrieden, die kleineren, unbeliebteren Arbeiten zu übernehmen, anstatt nur die scheinbar wichtigeren Aufgaben um Amma herum. Welche Aufgaben uns auch immer gegeben werden, wir müssen versuchen, sie als einen Weg zu nutzen, Bescheidenheit zu üben und *shraddha* zu entwickeln und der Welt zu dienen. Wenn du in deinem Herzen Liebe für Amma empfindest und ihr deine Arbeit darbringst, wirst du mit Sicherheit ihre Gnade empfangen.

Der *ashram* in Amritapuri ist einzig aus Liebe zu Amma entstanden. Sie hat viele von uns mit Aufgaben betraut, die weit über unsere Fähigkeiten hinausgingen. Aber durch ihre Gnade konnten wir wachsen, bis wir die Aufgaben erfüllen konnten. Zum Beispiel gab es da den Sohn eines Bäckers, der mithalf, das *AIMS*-Krankenhaus auf einem ehemaligen Sumpfgelände zu bauen. Er hatte keinerlei bautechnische Vorerfahrung, aber Amma führte ihn auf dem Weg mitzuhelfen, ein medizinisches Imperium zu schaffen.

Als der ashram begann, einen eigenen Verlag zu betreiben, hatte derjenige, der dazu bestimmt wurde die Verantwortung zu übernehmen, keinerlei Erfahrung mit dieser Arbeit. Heute ist der Verlag sehr aktiv und es werden erfolgreich Bücher in verschiedenen Sprachen veröffentlicht, die nicht nur in Indien, sondern überall auf der Welt verkauft werden.

Amma erinnert uns daran, dass wir hart arbeiten sollen, ohne an das Ergebnis unserer Anstrengungen zu denken. Das was zählt, ist unser aufrichtiges Bemühen. Wenn wir einmal die richtige Haltung und die Bereitschaft haben, wird Ammas Gnade uns dazu befähigen, dienen zu können.

Ich durchsuche den leeren Himmel - aber sehe Dich nie.
Ich drehe mich um, den Atem erwartungsvoll anhaltend,
aber nie bist Du hinter mir.
Meine Tränen sind meine ständigen Begleiter -
zusammen warten wir,
in der Hoffnung Dich eines Tages zu finden.
Ich frage die Grashalme, ob Du jemals vorbeigekommen bist,
aber nie haben sie Dich gesehen.
Welch Nutzen hat denn meine Stimme,
wenn mein Rufen nach Dir ungehört verhallt?
Welch Nutzen meine Augen,
wenn sie Dich nie erblicken?
Was nutzen mir meine Hände,
wenn sie niemals Deine heiligen Füße berühren können?
Wo verweilst Du, mein Geliebter,
der Du mich so grausam verlassen hast?

Kapitel 10

Bemühung und Gnade

„Eigene Bemühung und Gnade sind voneinander abhängig.
Ohne das eine ist das andere unmöglich."
Amma

Die Gnade des *gurus* ist eines der wundervollsten Geschenke des Lebens. Spirituell Suchende bemühen sich sehr, sie zu erlangen, was nicht immer einfach ist. Man kann nicht mit Bestimmtheit sagen, wie sie sich manifestiert, allerdings hat uns Amma viele Hinweise gegeben, was man tun kann, um sie zu verdienen. Zunächst müssen wir uns darum bemühen, nur dann wird Gnade zu uns kommen. Sie fließt nicht nur zu bestimmten Zeiten. Amma versichert uns, dass ihre Gnade ständig zu uns fließt, aber um sie zu spüren, müssen wir unseren Teil dazu beitragen. Unser hartes Arbeiten und unsere ernsthafte Anstrengung sind die wesentlichen Katalysatoren, die es der Gnade ermöglicht zu fließen.

Wir sind alle erst spirituelle Anfänger. Selbst nach vielen Jahren spiritueller Praxis empfinden wir das Ziel als noch sehr weit entfernt. Es ist unmöglich, nur durch unsere eigenen Bemühungen Selbstverwirklichung zu erreichen. Aber durch die Gnade des *gurus* können wir Befreiung erlangen. Es ist meine Überzeugung, dass wir am Ende unseres Lebens durch die Gnade des *gurus* das

Ziel erreichen werden, wenn wir versuchen, ein rechtschaffenes Leben zu führen. Aber wir müssen uns weiterhin enorm anstrengen. Wir können nicht faul herumsitzen und darauf warten, dass am Ende die Gnade einfach so zu uns fließt, stattdessen sollten wir hart arbeiten, damit wir würdig werden, diesen Gnadenstrom zu empfangen.

Um das Ziel zu erreichen, müssen wir jede negative Tendenz, wie Wut, Gier, Lust, Stolz usw. in uns verbrennen. Wie schwer ist es, auch nur eine davon loszuwerden! Dennoch sollten wir uns bemühen intensiv daran zu arbeiten, unsere *vaasanas* zu überwinden und unser Gemüt wirklich zu klären. Dann werden auch wir in der Lage sein, so wie Amma, die sich für die Welt opfert, der Welt etwas Kostbares zurückzugeben.

Amma sagt, dass wir ohne Ausdauer keinerlei spirituelle Fortschritte machen werden. Nur wenn wir aufrichtig und hart arbeiten, um das Ziel zu erreichen, wird Gnade zu uns fließen. Manchmal bringen wir kleine Anstrengungen zuwege, aber wir haben das Gefühl, dass uns dafür nur wenig Gnade zuteil wird. Damit aber unser ganzes Leben gnadenvoll werden kann, müssen wir uns unerbittlich anstrengen.

Heutzutage gibt es so viele technologische Neuheiten im Bereich der medizinischen Diagnose. Damit die Tests effektiv ablaufen können, müssen sich die Patienten darauf vorbereiten, indem sie z.B. große Mengen Wasser trinken oder fasten. In gleicher Weise kann der *guru* viel für uns tun, aber auch wir müssen unseren Part dazu beitragen.

In einem Flughafen wollten wir Amma einmal nach oben in die Lounge bringen. Amma und ihre ständige Begleiterin betraten also den Aufzug, ihre Begleiterin vergaß dann aber, den Knopf zu drücken. Sie standen längere Zeit dort und bewegten sich nicht vom Fleck, bis sie es bemerkten. Das war ein großartiges Beispiel dafür, dass wir spirituell nicht wachsen können, wenn wir uns nicht unaufhörlich darum bemühen.

Unsere permanenten Bemühungen, auch die kleinsten, werden eines Tages Früchte tragen. Nehmen wir das Beispiel einer winzigen Pflanze, die in der schmalen Ritze eines Bürgersteigs wächst. Obwohl der Zement unendlich viel stärker zu sein scheint als das Pflänzchen, kann allein durch ihr stetiges Wachstum die Zementplatte eines Tages völlig aufbrechen. In gleicher Weise wird auch unser zementiertes *Ego* eines Tages zerbrechen. Alles was wir tun müssen, ist mit Geduld und Disziplin hart dafür zu arbeiten.

Es gibt eine Geschichte über Beethoven, die diesen Punkt anschaulich macht. Eines nachts, nach einem brillanten Klavierkonzert versammelte sich eine große Menschenmenge um ihn, um ihm zu gratulieren, darunter auch eine junge Frau. Sie sagte: „O Herr, wie glücklich wäre ich, hätte mir Gott nur die gleiche Genialität geschenkt wie Ihnen!" Beethoven erwiderte: „Gnädige Frau, es handelt sich weder um Genialität noch um Zauberei. Alles was sie tun müssen, ist vierzig Jahre lang täglich acht Stunden lang intensiv Klavier zu üben und sie werden genauso gut darin sein wie ich."

Ein anders Beispiel gibt es aus dem Leben von Thomas Edison. In mehr als zweitausend Experimenten versuchte er den idealen Heizfaden für die Glühbirne zu erschaffen, bevor er schließlich den richtigen fand. Als er von einem jungen Reporter gefragt wurde, wie es sich anfühle, so oft gescheitert zu sein, gab Edison zur Antwort: „Ich bin nicht ein einziges mal gescheitert. Es war nur eben mal so, dass das Erfinden der Glühbirne ein Prozess war, der aus zweitausend Schritten bestand."

Menschen wie Edison und Beethoven hatten das richtige Verständnis vom Wert harter Arbeit, weswegen sie fähig waren, so vieles in der Welt zu erreichen. Wir brauchen die gleiche

Einstellung in unserem Leben, nur dann werden wir erfolgreich sein.

Amma selbst vermittelt uns das perfekte Beispiel. Obwohl all ihre Handlungen einfach und anmutig aussehen, strengt sie sich doch bei allem was sie tut enorm an. Sie singt *bhajans* in fast einhundert verschiedenen Sprachen. Auch wenn sie es manchmal schwierig findet, die Worte richtig auszusprechen, gibt sie sich dennoch große Mühe, sie zu erlernen, da sie weiß, wie sehr sich die Herzen ihrer Kinder öffnen, wenn sie in deren Muttersprachen singt.

Amma bringt so viel Kraft auf, Hunderte von Institutionen am laufen zu halten, die sie beaufsichtigt, indem sie direkte Anweisungen an jede einzelne davon gibt. Jede Nacht bleibt sie wach, um sich mit den Regeln und Gesetzen aller Bereiche des Managements vertraut zu machen. Sie will die Tradition der alten Heiligen und Weisen aufrechterhalten, die durch Verzicht und *tyaagam* der Welt soviel zu geben hatten. Amma sagt, dass selbst der Atem eines *mahaatmas* die Welt im Gleichgewicht halten kann. Sie erhebt keinen Anspruch auf Göttlichkeit, sondern arbeitet hart, ausdauernd und engagiert, um uns allen ein Vorbild zu sein. Sie sagt, dass wenn wir schon einen Körper haben, wir uns sehr anstrengen müssen, um den besten Gebrauch davon zu machen.

Regelmäßig trifft Amma mit den Direktoren ihres hochspezialisierten Krankenhauses *AIMS* zusammen, um ihnen Ratschläge zu geben, wie es richtig zu leiten ist. Sie löst Probleme und gibt ihnen neue Ideen zur Bewältigung der täglichen Organisation der verschiedenen Abteilungen. Sie sagt den Leitern ihrer Schulen, wie sie ihre Lehrpläne gestalten sollen und bespricht alle Schwierigkeiten, die in den verschiedenen Schulen auftreten. Sie berät Handwerker, die Häuser für die Armen bauen, gibt Tipps zur Konstruktion, wie z.B. der Integration neuer Bautechniken und wie man die Backsteine noch stabiler machen kann. Sie zeigt den Schreinern bestimmte kleine Kniffe, an die sie noch nie gedacht hatten, obwohl diese Leute jahrelange Berufserfahrung haben.

Wenn wir mit Amma in Indien auf Tour sind können wir erleben, wie sehr sie sich bemüht den *devotees,* die mit ihr reisen, Aufmerksamkeit zu schenken. Es kann sein, dass sie fünfzehn Stunden ohne Pause *darshan* gegeben hat und keinen Schlaf hatte. Sobald aber die Busse einen Platz für einen *chai*-Stop erreichen, besteht sie darauf auszusteigen, um bei den Menschen zu sein, die mit ihr reisen. Immerzu so viel mehr zu geben als verlangt wird ist Ammas Natur. Ihre Bemühungen sind immer mühelos, da all ihre Handlungen aus Liebe heraus geschehen. Alles was sie tut, tut sie, um uns etwas zu lehren oder um uns glücklich zu machen.

Bei unserem ersten Programm in Pondicherry hatte Amma ihre Stimme verloren, versuchte aber trotzdem ihren gewöhnlichen *satsang* zu halten. Andere hätten jemanden darum gebeten, das für sie zu übernehmen, Amma hingegen bestand darauf, es selbst zu versuchen. Mit ihrem üblichen Sinn für Humor tippte sie auf das Mikrofon und sagte mit krächzender Stimme: „Bisschen lauter bitte", als wäre es nicht ihre Stimme, die fehlte, sondern die Lautstärke des Mikrofons. Die Bemühung, die sie aufbrachte, war überwältigend. Glücklicherweise war ihre Stimme zur *bhajan*-Zeit wieder so weit intakt, dass sie singen konnte. Gott muss zufällig mitangehört haben, wie sie mit den Leuten vom Sound-System scherzte!

Eine Frau, die im *ashram* lebte, verkörperte auf wunderschöne Art Ammas Lehre von der Notwendigkeit, die Erwartungen anderer weit zu übertreffen. Sie hatte zwei kleine Kinder, war aber nichtsdestotrotz immer bereit zu helfen. Als in diesem Jahr Ammas Indien-Tour Chennai erreichte, hatten wir einen Berg voll Gepäck, der in die USA geschickt werden musste, wohin diese Frau gerade zurückfliegen wollte. Wir fragten sie deshalb, ob sie etwas mitnehmen könnte. Sie dachte ein paar Sekunden darüber nach und sagte dann: „Eins, zwei, drei, vier...ja, ich kann vier Koffer für euch mitnehmen!" Ihr könnt euch vorstellen, wie glücklich ich darüber war, dies zu hören!

Als sie im Flugzeug auf ihrem Platz saß, kam einer der Flugbegleiter zu ihr und sagte: „Entschuldigen Sie bitte, aber es gab da ein paar Probleme und wir mussten sie und Ihre Kinder in die erste Klasse umsetzen." Da war sie also, in ihr *ashram*-outfit gehüllt und glücklich darüber, in den vorderen Teil des Flugzeugs geleitet zu werden. Es war ihr ein bisschen peinlich, dass ihre Kleidung in einem solch schlechten Zustand war, aber den Erste-Klasse-Service genoss sie trotzdem.

Als sie im nächsten Jahr erneut den *ashram* besuchte, diesmal mit ihrem Ehemann, sagte sie zu ihm: „Weißt Du Lieber, ich denke wirklich, wir sollten wieder Gepäck für sie mitnehmen!" Er zögerte einen Moment, war aber am Ende doch einverstanden. Als sie im Flugzeug saßen, kam wieder ein Flugbegleiter und sagte diesmal: „Es tut mir leid, aber es gab da ein kleines Problem und wir mussten Sie in die business-class umsetzen." Die Frau drehte sich zu ihrem Mann um und sagte: „Siehst Du, nur weil Du gezögert hast zu helfen, fliegen wir diesmal nur in der business-class!" Also zögert nie, jemandem zu helfen, es kann sein, dass ihr vom Gewöhnlichen zum Göttlichen befördert werdet, wenn ihr euch ein bisschen mehr einsetzt.

Manche beschweren sich darüber, dass anderen Gnade zuteil wird und ihnen nicht. Amma sagt, dass die Gnade des *gurus* wie die Sonne ist, die immerzu auf alle scheint. Wenn wir das Licht nicht sehen, dann wahrscheinlich deshalb, weil wir unsere Fensterläden geschlossen haben. Wir müssen uns ganz bewusst anstrengen, um sie zu öffnen, dann wird das Licht ganz natürlich einströmen, weil es immer da war. Es gibt keinen Grund die Sonne dafür zu beschuldigen, dass sie für uns nicht scheint, wenn wir die Läden geschlossen halten. In gleicher Weise können wir nicht den *guru* beschuldigen, dass uns seine Gnade nicht erreicht - wir müssen einfach den nötigen Beschluss fassen, die Läden unserer Herzen zu öffnen.

Amma sagt, dass hinter allem was wir tun Gnade steckt, obwohl wir selten darüber nachdenken und unsere täglichen Handlungen meistens als selbstverständlich betrachten. Man sagt, dass sich in unserem Körper über drei Millionen Zellen befinden und sie alle funktionieren nur auf Grund von Gnade. Irrtümlicherweise glauben wir, dass wir die Handelnden sind, aber ohne Gottes Gnade können wir nicht einmal einen einzigen Muskel bewegen. Eine *ashram*-Bewohnerin hatte sich einmal den Fuß verstaucht und war aufgrund dessen außerstande zu arbeiten. Sie kam zu mir, um mir zu erzählen, wie sie durch diese Verletzung die wahre Größe von Gottes Macht erkannt hat. Sie besann sich darauf, dass Amma uns ständig daran erinnert, dass ohne die Gnade Gottes nichts erreicht werden kann. Erst durch das Erleiden schwieriger Zeiten und die Erfahrung von Gnade durch Heilung lernen wir dies wirklich zu verstehen.

Einige meinen, dass alles vom Schicksal bestimmt wird. Sie glauben, dass alles, was im Leben passiert vorherbestimmt ist und es deshalb nichts gibt, was sie tun können, um ihre Situation zu verbessern. Amma sagt uns, dass dieses Verständnis nicht richtig ist und dass diejenigen, die so denken, den spirituellen Weg am Ende gewöhnlich verlassen. In schwierigen Zeiten geben sie eher auf und beschuldigen das Schicksal, anstatt ihre spirituelle Praxis zu intensivieren.

Anstatt an unserem Schicksal zu verzweifeln, sollten wir immer eine positive Einstellung bewahren und mit guten Handlungen fortfahren. Amma weist uns darauf hin, dass wir ja wenn wir hungrig sind auch nicht sagen: „Das Schicksal wird mir schon etwas zu essen bringen" und dass, wenn wir etwas zu essen

bekommen, wir nicht sagen: „Das Schicksal wird mir das Essen schon in den Mund stecken." Wir werden die Nahrung immer selbst nehmen, sie uns in den Mund stecken und essen. In gleicher Weise sollten wir uns nicht vorstellen, dass der Mangel an Gnade das Ergebnis von Vorhersehung ist und die Schuld dort suchen. Wir sollten einfach unsere eigene Willenskraft benutzen und alles tun, was uns möglich ist, um uns auf das Göttliche auszurichten. Die Bemühung, die wir aufbringen, erschafft unser Schicksal. Von daher sollten wir immer versuchen, in allem was wir tun, eine starke positive Haltung einzunehmen.

Amma gibt uns die Kraft, schwierige Situationen zu meistern. Unsere aufrichtigen Bemühungen zusammen mit der Gnade des *gurus* können alle negativen Umstände überwinden.

Ein langjähriger europäischer *devotee* erzählte mir einmal eine anrührende Geschichte von Ammas Besuch in Europa früher im gleichen Jahr. Seine Frau hatte Amma bei einem früheren *Devibhava* in einem orangefarbenen Sari gesehen und war überwältigt von dessen Schönheit. In München sah sie, dass der Sari zum Verkauf angeboten war und bat ihren Ehemann, ihn für sie zu kaufen. Er war erschrocken bei dem Gedanken daran, wie viel ihn das wohl kosten würde! Aber er kaufte ihr den Sari schließlich trotzdem und wurde gefragt: „Möchten Sie die Bluse auch noch dazu?" Er war sich nicht sicher und ging zurück zu seiner Frau, um sie zu fragen. Natürlich wollte sie die Bluse auch. Als Amma davon erfuhr, dass sie den Sari kaufen wollte, sagte sie, dass sie ihn nur unter einer Bedingung kaufen könne, nämlich der, dass sie ihn tragen müsse. Dieser Gedanke haute sie um, aber schließlich war sie einverstanden. Sie zog die Bluse und den Sari an und machte sich bereit, um mit ihrem Mann zum *darshan* zu gehen. Als sie bei Amma ankamen, machte sie großes Aufheben um sie und sagte ihr, wie schön sie sei. Dann sagte Amma: „Ich werde euch beide verheiraten!" Der Mann war schockiert, da er schon mit seiner Frau verheiratet war. Trotzdem bestand Amma weiterhin darauf, die Zeremonie für sie beide noch einmal auszuführen.

Nach ungefähr einem halben Jahr starb seine Frau plötzlich an einem Herzinfarkt. Als er sie in seinen Armen hielt und keinen Puls mehr spürte, sagte er zu ihr: „Geh! Bleib nicht bei mir!" Er gab ihrer Seele dadurch ein Zeichen, frei zu sein und aufzusteigen. Er wusste um die Natur des Körpers, der sich permanent verändert und der Seele, die unvergänglich ist. Er wusste, dass die Zeit für sie gekommen war zu gehen und wollte sie nicht zurückhalten. Als er mir diese Geschichte erzählte war ich verblüfft, wie erstaunlich es war, dass er sich schon zu diesem Zeitpunkt von ihr lösen konnte, so dass er das Richtige tun konnte und seine Frau gehen lies.

Er sagte, dass nun Ammas Liebe diese Lücke ausfüllt, die zuvor die Gegenwart seiner Frau füllte. Es war wirklich Ammas Gnade, dass er sich an die Gesetze der Unbeständigkeit zu genau dem richtigen Zeitpunkt erinnerte. Er hatte das Gefühl, dass Amma seiner Frau durch die Ausführung der Hochzeitszeremonie und durch die orange Kleidung noch vor ihrem Tod *sannyaas* gegeben hatte. Amma sagte ihm später, dass seine Frau nicht wiedergeboren werden müsse, da sie eins geworden sei mit dem *paramaatman*. Es war so bewegend, seine Geschichten zu hören und seine Hingabe zu sehen, die ihm, gerade durch den Tod seiner Frau, Frieden brachte.

Wenn schreckliche Dinge in der Welt geschehen, beschuldigen einige Gott seiner Grausamkeit. Wir sollten uns erinnern, dass das Leiden nicht durch die Grausamkeit Gottes entsteht, sondern durch unsere früheren Handlungen. Alles geschieht in Übereinstimmung mit den *karmischen* Gesetzen. Amma sagt, dass das Leben nur aus zwei Ereignissen besteht: dem Ausführen einer Handlung und der Erfahrung dessen, was daraus entsteht. Wenn wir in der Vergangenheit falsch gehandelt haben, können wir finster in der Ecke sitzen und abwarten, was uns aufgrund dieser Handlungen wiederfährt. Oder aber wir können versuchen, gutes zu tun, damit unsere Zukunft heller sein wird.

Amma sagt immer wieder: „*Kripa rakshikatte*" oder „Möge Gnade uns retten." Nur Gnade wird uns retten. Sie weiß, dass sich hinter allem Gnade verbirgt. Menschen auf der ganzen Welt haben Ammas Gnade empfangen. Krankheiten sind geheilt worden, viele sind vor Unfällen und sogar vor frühzeitigem Tod gerettet worden. Die Gnade des *gurus* ist so mächtig, dass sie schließlich das letztendliche Wunder in jedem von uns bewirken wird. Das Unmögliche wird nur durch die Gnade des *gurus* möglich. Diese Gnade ist unsere einzige Zuflucht - und es ist die einzige, die wir brauchen.

Mit Deiner bezaubernden Erscheinung
gehört Dir mein Herz auf ewig.
Was soll ich nur tun, die ich zwischen zwei Welten zerrissen bin?

Kannst Du nicht diese elende Fessel entzweischneiden,
die mich von Dir trennt?
Ich wünsche nicht Befreiung noch Unsterblichkeit,
die magst Du anderen geben.

Mir verlangt nur danach, mich in Dir zu verlieren,
trunken in der Glückseligkeit
Deine Erscheinung immerzu vor mir zu sehen.
Nie werden meine Augen ermüden
von Deiner Schönheit zu trinken,
immer neu in Glanz und Liebe, von Augenblick zu Augenblick.

Nimm diesen Traum und lass ihn wahr werden,
wozu sonst war meine Geburt?
Dies weiß ich, ist die Wahrheit.

Kapitel 11

Selbstlosigkeit und Demut

„Ihr seid es, die Ihr Euch nach hoch oben
in den weiten Himmel der Spiritualität aufschwingen müsst.
Und dafür braucht ihr die Flügel der Selbstlosigkeit
und der Liebe.
Die Gelegenheit, andere zu lieben und ihnen zu dienen
sollte als seltenes Geschenk
und als Segen Gottes betrachtet werden.“

Amma

Es gibt eine Geschichte aus der buddhistischen Tradition, welche die Kraft der Selbstlosigkeit wunderschön illustriert. Es war einmal ein König, der hatte drei Söhne, von denen der jüngste ein besonders liebenswerter und mitfühlender Junge war. Eines Tages machten der König und seine Familie ein Picknick. Bald nach ihrer Ankunft rannten die Prinzen in den Wald, um zu spielen. Nachdem sie tief in den Wald gelaufen waren, sahen sie plötzlich eine Tigerin, die gerade geworfen hatte und wurden ganz aufgeregt. Sie war so erschöpft vor Hunger, dass sie kurz davor war, ihre neugeborenen Jungen zu fressen.

Der Jüngste fragte seine Brüder: „Was braucht die Tigerin zu fressen, um zu überleben?“

„Frisches Fleisch oder Blut" antworteten sie. „Aber wo können wir das finden?" fragte er. „Gibt es hier irgendjemanden, der uns frisches Fleisch oder Blut geben würde, um sie zu füttern, um so ihr Leben und das ihrer Jungen zu retten?" Seine Brüder zuckten nur schweigend mit den Schultern.

Tief bewegt von der Not der Tigerin und ihrer Jungen, begann der Knabe zu überlegen:„So lange bin ich Leben um Leben nutzlos durch den Zyklus von Geburt und Tod gewandert und aufgrund meiner Wünsche, Unwissenheit und meines Zorns habe ich nicht viel getan, um anderen zu helfen. Jetzt endlich gibt es eine wunderbare Gelegenheit das zu tun."

Er sagte zu seinen Brüdern, sie sollten schon mal vorausgehen, er würde später nachkommen. Dann kroch er besonnen zurück zur Tigerin und legte sich vor ihr auf den Boden, um sich als Futter zu opfern. Die Tigerin aber war so schwach, dass sie nicht einmal mehr ihr Maul öffnen konnte. Da fand der Knabe einen scharfen Stock und schnitt sich tief damit in den Körper, bis Blut herausströmte. Die Tigerin begann es aufzulecken, womit sie wieder an Kräften gewann und ihn fressen konnte. Durch diesen außergewöhnlichen Akt der Selbstaufopferung rettete der Junge die Tigerin und ihre Jungen.

Nach der Geschichte, die von vielen Buddhisten für wahr gehalten wird, wurde er wiedergeboren und machte, durch den Verdienst seiner mitfühlenden Handlung, rasche Fortschritte auf dem Weg zur Erleuchtung und wurde schließlich als der *Buddha* geboren.

Die Geschichte endet hier nicht. Die selbstlose Handlung des Jungen beschleunigte nicht nur seine eigene spirituelle Entwicklung, sondern reinigte auch das *karma* der Tigerin und ihrer Jungen. Die Handlung nahm sogar alle *karmische* Schuld fort, die sie ihm vielleicht noch schuldig geworden wären, weil er ihnen das Leben gerettet hatte. Seine mitfühlende Opferhandlung besaß solche Kraft, dass sie eine segensreiche *karmische* Verbindung zwischen ihnen schuf, die weit in die Zukunft hineinreichte.

Die Tigerin und ihre Jungen wurden schließlich als die ersten fünf Schüler des *Buddha* wiedergeboren, die allerersten Seelen, denen nach der Erleuchtung seine Lehren zuteil wurden.

So groß ist die Macht selbstloser Handlung. Amma versucht immerzu, uns selbstloses Leben zu lehren. Sie will, dass wir unser Leben völlig in den Dienst der Welt stellen, so wie eine Kerze, die nur herunterbrennt, um anderen Licht zu spenden und wie ein Räucherstäbchen, das nur verbrennt, um seinen Duft an alle zu verströmen.

Natürlich schlägt Amma nicht vor, dass wir alle über den Zaun des Löwenkäfigs im Zoo klettern sollen! Diese Art des Opfers braucht es in unserer Zeit nicht wirklich. Es gibt in unserem täglichen Leben genügend Möglichkeiten, unser *Ego* im Dienst am Nächsten zu opfern.

Es bedarf gar nicht wirklich so viel Anstrengung, um mehr Selbstlosigkeit zu entwickeln. Wir müssen einfach nur damit beginnen, andere vornan zu stellen und versuchen zu helfen, in welcher Weise auch immer. Wenn wir nur diese grundlegenden Schritte üben, sind wir auf dem Weg zur Selbstlosigkeit schon ein gutes Stück weiter. Spirituelles Leben bedeutet nicht, dass man *sanskrit-mantras* perfekt aussprechen kann und auch nicht, stundenlang bewegungslos in der Lotusposition zu sitzen. Die ganze Grundvoraussetzung eines erfolgreichen spirituellen Lebens ist wirklich nur einfacher, freundlicher und hilfsbereiter zu werden. Wenn wir nur versuchen, aufrichtig zu werden und diese grundlegenden Eigenschaften in unserem täglichen Leben kultivieren, werden alle anderen guten Qualitäten wie von selbst folgen.

Ob man in einem Haushalt oder in einem *ashram* lebt, Selbstlosigkeit ist eine Eigenschaft, die auf dem spirituellen Weg entwickelt werden muss. Familien können sich glücklich schätzen, weil sie dazu in ihrem Alltag viele Möglichkeiten haben. Wollen sie ein glückliches Familienleben führen, müssen sie lernen, zuerst an die anderen zu denken. Eine Mutter wird immer zuerst an ihr Kind denken. Selbst wenn sie krank ist, wird sie seinetwegen auf Essen oder Erholung verzichten. Familienmitglieder erhalten automatisch ein spezielles Training in der Entwicklung von Selbstlosigkeit. Sie sollten einfach die Lektionen, die sie gelernt haben, in ihr spirituelles Leben mit einfließen lassen.

Einer von Ammas *brahmacharis* hatte ein bewegendes Erlebnis, das die Qualitäten einer selbstlosen Mutter zum Vorschein bringt. Auf einer Zugreise setzte sich eine Frau, gefolgt von ihren neun Kindern, zu ihm ins Abteil. Sie waren offensichtlich sehr arm und sie schien hungrig zu sein. Da er zusätzliches Essen dabei hatte, gab er ihr etwas davon. Sie verteilte alles unter ihren Kindern und behielt nichts für sich. Dennoch schien sie glücklich zu sein, weil alle ihre Kinder etwas zu essen bekommen hatten. Da bemerkte er, dass das Baby in ihrem Schoß sie sehr liebevoll anschaute. Das Kind hatte etwas zu essen in der Hand, streckte es plötzlich aus und steckte es seiner Mutter in den Mund. Der *brahmachari* hatte den Eindruck, dass Gott selber durch ihr eigenes Baby seine Hand ausstreckte, um sie zu füttern. Wenn wir diese Art selbstloser Liebe entwickeln, wird sich Gott immer um uns kümmern.

Am Anfang kommen die meisten Menschen zu Amma, um ihre Liebe zu empfangen und sie bekommen viele Umarmungen und Küsse. Schließlich entdecken die meisten *devotees*, dass mehr von Ammas Liebe und Gnade zu uns fließen, wenn wir uns entschließen, mehr zu Gebenden anstatt zu Nehmenden zu werden. Wahres Glück ist das Ergebnis von Selbstlosigkeit. Je mehr wir geben, desto mehr erhalten wir, das ist ein kosmisches Gesetz. Wir werden nur wahren inneren Frieden finden, wenn wir zuerst an die anderen denken und anschließend an uns. Wenn wir dies tun, wird unser Weg so viel freudvoller werden.

Alle wollen ein glückliches Leben. Wenn wir aufhören können, Spaß und Vergnügen für uns selbst zu suchen und stattdessen überlegen: „Was kann ich für andere tun?", wird wirkliche Freude in uns wachsen. Nur wenn wir nichts für unsere Dienste zurückerwarten, können wir diese Freude erfahren. Auch wenn wir spirituelle Prinzipien verstehen, ist es schwierig Glück zu finden, solange wir nur auf uns selbst fixiert sind. Wir sollten also üben, Glück darin zu empfinden andere glücklich zu machen.

Vor ein paar Jahren fand eine besondere Olympiade in Seattle statt. Die Teilnehmer waren physisch oder psychisch behinderte Kinder. Bei einem Wettbewerb versammelten sich neun Kinder zu einem 100 Meter-Lauf. Zu Beginn des Rennens liefen alle in Richtung Ziel. Nach ungefähr der Hälfte der Strecke stolperte einer der Jungs, fiel hin und fing an zu weinen. Die anderen acht Läufer hörten ihn und verlangsamten ihr Tempo. Einer nach dem anderen hielten sie an, drehten sich um und gingen zurück, um ihm zu helfen. Ein Mädchen mit Down-Syndrom beugte sich zu ihm, gab ihm einen Kuss und sagte: „Das wird alles wieder gut machen." Dann hakten sie sich alle unter und spazierten zusammen über die Ziellinie. Die Zuschauer sprangen auf und jubelten zehn Minuten lang.

Anstatt zu versuchen Liebe zu finden, sollten wir versuchen Liebe zu geben. Wenn wir nach der Liebe anderer suchen, werden wir immer unglücklich sein. Wenn wir uns aber erlauben, anderen so liebevoll wie möglich zu begegnen, werden wir uns sofort glücklicher fühlen. Anstatt danach Ausschau zu halten, was wir von der Welt nehmen können, könnten wir fragen: „Was kann ich der Welt geben?" Damit beginnen wir, wie Amma zu werden, weil es dies ist, was sie uns durch ihr Leben lehrt. Sie ist das perfekte Beispiel für Selbstlosigkeit. Liebe strömt von ihr wie ein Fluss, weil sie die Quelle ist, sie ist die Liebe selbst. Sie versucht niemals, Liebe zu nehmen, da sie immer davon erfüllt ist. Und weil sie immerzu Liebe gibt, können wir nicht anders als sie zu lieben.

Wenn wir Amma während des *darshans* beobachten, können wir ihre übersprudelnde Freude dabei sehen. Während sie *darshan* gibt, sagt sie Dinge wie „Schaut danach, dass die alten Menschen zuerst gebracht werden und dass alle Wasser bekommen. Da ist ein alter Mann in der Halle, der Hilfe braucht, um hier hoch zu kommen." Sie ist immer besorgt um das Wohlergehen aller in der Halle. Sie ist sich bewusst über alles, was um sie herum vorgeht, in jeder Richtung - 360 Grad. Im Gegensatz zu uns, die wir oft nicht einmal das mitbekommen, was direkt vor unserer Nase geschieht. Wenn wir an jemanden denken, ist es meistens nur an uns selbst. Amma dagegen denkt immer nur an alle anderen, niemals an sich selbst.

Eine andere äußerst aufmerksame Persönlichkeit ist der Präsident von Indien, Dr. A.P.J. Abdul Kalam. Amma wurde einmal eingeladen, ihn in Rashtrapati bhavan, dem Präsidentensitz in Neu-Delhi, zu besuchen. Auch einige von uns waren dabei. Er unterhielt sich natürlich hauptsächlich mit Amma, schaute aber auch uns immer wieder sehr bewusst an, sodass wir alle irgendwie das Gefühl hatten, Ehrengäste zu sein.

Ein anderes Mal, als Amma Präsident Kalam besuchte, stieg sie ohne Schuhe aus dem Auto. Ich ließ die Schuhe auch dort, weil ich dachte, sie würde sie nicht brauchen. Nachdem der Präsident Amma begrüßt hatte und sie eine Weile geredet hatten, lud er sie ein, in dem wunderschönen Garten, der den Besitz umgab, spazieren zu gehen. Wir waren beunruhigt, da wir dachten, Amma würde barfuss gehen, aber sie bestand darauf, dass sie barfuss laufen gewöhnt sei, weil sie ja in einem Dorf aufgewachsen war. Daraufhin erwiderte der Präsident, dass er seine Schuhe auch

nicht tragen würde und rief aus: „Amma, ich bin auch in einem Dorf aufgewachsen!" Als ich sie so zusammen barfuss zwischen den Blumen und Bäumen spazieren sah, musste ich daran denken, wie wichtig es ist, sich Einfachheit zu bewahren, egal was man im Leben erreicht hat.

Wir sollten alle danach streben, solche Bescheidenheit zu entwickeln. Wenn wir uns in diese Richtung bewegen, können wir höfliches und liebevolles Verhalten lernen und uns der Bedürfnisse anderer mehr bewusst werden. Wir sollten immer versuchen, die Gefühle anderer zu berücksichtigen und sorgfältig überdenken, welchen Einfluss unsere Handlungen auf sie haben.

Es wird oft gesagt, dass die Demut eines *gurus* so groß ist, dass es schwierig ist, ihn von seinen Schülern zu unterscheiden. Bei Amma ist das mit Sicherheit der Fall. Im August 2000 besuchten wir den Millenniums-Weltfriedensgipfel religiöser und spiritueller Führer der Vereinten Nationen in New York City. Es waren zwei recht anstrengende Tage, an denen Reden in den verschiedensten Sprachen gehalten wurden. Amma hielt ihre Rede am zweiten Tag und wir waren danach glücklich, dass unsere Pflicht getan war. Nachdem wir den ganzen Tag gefastet hatten, freuten wir uns auf die Rückkehr in das luxuriöse Hotelzimmer, welches uns zur Verfügung stand. Nun ja, ich freute mich jedenfalls darauf. Die *swaamis* hatten den Zuhörersaal schon alle verlassen, nur Amma und ich saßen noch mitten in der Menge und lauschten den übrigen Reden.

Da ich wusste, wie liebenswürdig Amma ist und sie auf keinen Fall die Initiative ergreifen würde zu gehen, überlegte ich mir einen Plan für unser Entkommen. Ich stand auf und hoffte, Amma würde als braver, gehorsamer *guru* ebenfalls aufstehen und mir einfach folgen. Aber Amma blieb sitzen und hörte weiter sehr konzentriert den Reden zu. Sie klatschte, wenn alle anderen klatschten und schien all die Reden, die in Englisch oder anderen

Sprachen, die wir nicht einmal verstehen konnten, gehalten wurden, schrecklich interessant zu finden. Mich ignorierte sie einfach völlig.

Ich versuchte es noch einmal, stand auf und sagte: „Komm Amma, wir können jetzt gehen!", aber sie ignorierte mich weiterhin. Ich dachte: „Wenn ich wirklich rausgehe auf den Flur, dann muss sie mir einfach folgen." Ich hob also meine Tasche auf und bahnte mir meinen Weg nach draußen, bereit zu gehen. Amma blieb sitzen und lauschte gebannt der Rede, ich glaube, es war gerade eine auf koreanisch. Sie nahm weiterhin keine Notiz von mir. Sie wusste, dass es das Richtige war, den Reden zuzuhören auch, wenn wir sie nicht verstanden. Ich ergab mich der Situation wie ein Idiot zu wirken, nachdem ich so oft aufgestanden war und mich wieder gesetzt hatte. Auf meiner Tasche sitzend wartete ich auf dem Flur, bis Amma sich entscheiden würde zu gehen. Schließlich, als eine der Reden beendet war und Amma glaubte, dass jetzt der passende Moment war zu gehen, stand sie auf und ging nach draußen. Und so wie es sich gehört hätte, folgte ich ihr.

Folgendes geschah einmal, als wir durch Washington D.C. reisten. In den USA waren die Sicherheitsvorkehrungen auf den Flughäfen sehr streng geworden und manchmal wurden Leute willkürlich zu einer zusätzlichen Sicherheitskontrolle herausgenommen. An diesem speziellen Tag wurde Amma dazu ausgewählt und ich ging mit ihr, um zu übersetzen.

Die Sicherheitsbeamtin war eine streng dreinblickende Frau mit schroffen Manieren. Amma hatte sich hingesetzt und die Beamtin befahl ihr aufzustehen. Ich spreche ein bisschen *malayaalam*, aber nicht wirklich fließend, so überlegte ich, wie man höflich „steh auf" formuliert. Ich sagte schließlich: *„erenekke"*, etwas was ich oft gehört hatte und was wörtlich soviel bedeutet wie „jetzt setz dich mal in Bewegung!" Amma stand gehorsam auf. Dann fiel mir plötzlich die Bedeutung dieser Worte wieder ein und ich dachte: „Ach du meine Güte, ich glaube, ich war gerade sehr grob zu Amma." Dieser Ausdruck wird nur Jüngeren gegenüber benutzt, sollte aber auf keinen Fall zu einem *guru* gesagt werden. Amma war darüber aber nicht verstimmt, da sie kein Ego hat, was verletzt werden könnte.

Die Beamtin ordnete an, Amma solle auf einem Bein stehen und beide Arme zur Seite ausstrecken, wie in einer Ballettposition. Ich überlegte, wie ich Ballettposition auf *malayaalam* sagen könnte und fragte mich, ob Amma überhaupt wusste, was Ballett war. Ich entschied mich dafür, ihr zu sagen, sie solle in einer Yogaposition stehen. Amma kam der Aufforderung höflich nach. Als die Frau mit dem Metalldetektor über Ammas Körper strich, wurde ihr Verhalten sanfter. „Sie ist einfach soooo schön!" rief sie aus. Wo auch immer wir hingehen bemerken die Menschen, dass etwas Besonderes ist an dieser einfachen, in einen weißen Sari gehüllten Frau.

Der Rest der Gruppe, der mit Amma reiste, verfolgte das Geschehen aus einiger Distanz und bekam diese Lektion in Bescheidenheit, die Amma ihnen gab, von dort aus mit. Jeder andere in dieser Situation hätte wahrscheinlich gesagt „Weißt Du nicht, wer ich bin?" Aber Amma lächelte einfach nur und erlaubte der Frau geduldig, ihren *darshan* auf diese Weise zu erhalten. Wieder einmal hat uns Amma durch ihr persönliches Beispiel die göttlichen Qualitäten gezeigt, die wir alle versuchen sollten uns anzueignen.

Amma rät uns dazu, wann immer wir fühlen, dass unser Ego sich meldet und Wichtigkeit beansprucht, einfach nur in den weiten blauen Himmel oder das tiefe blaue Meer zu schauen, dann erkennen wir, wie unbedeutend wir im Vergleich dazu sind. Wahre Größe wird gemessen an Bescheidenheit. Anstatt zu versuchen, uns zu mehr Größe aufzublasen, sollten wir versuchen, uns unserer Winzigkeit im unendlichen Universum bewusst zu werden. Amma sagt, wenn wir uns kleiner fühlen als eine Ameise, werden wir größer als die ganze Schöpfung.

Wir Menschen tendieren dazu zu glauben, dass unsere Spezies den höchsten Rang auf der Leiter der Schöpfung einnimmt, aber wir können von Mutter Natur eine Menge lernen. Bäume können uns ziemlich viel über Selbstlosigkeit lehren. Die Kokosnusspalme zum Beispiel bringt uns jeden Teil ihrer selbst dar. Das Fleisch der Kokosnuss können wir essen und ihre Milch ist ein nahrhaftes Getränk. In Indien werden die Schalen und Blätter als Feuerholz genutzt und aus den Fasern wird Garn hergestellt. Die Kokosnussblätter werden zu Matten gewoben, um Dächer damit zu decken oder zu Besen verarbeitet. Das Holz wird verwendet, um Häuser und Zäune zu bauen. Der Baum gibt uns all seine Lebenskraft und verlangt nichts dafür, auch nicht, wenn wir unsere Namen in seine Rinde ritzen oder versuchen ihn zu fällen. Derartig selbstlose Liebe stellt unser Leben in den Schatten.

Die Erde gibt sich so viel Mühe, uns zu unterstützen, ohne sich zu beschweren. Denkt nur mal an einen Teller Reis mit Spinat, *daal* und Gemüse. Wie viele Nährstoffe wurden von der Erde gebraucht, damit dieser Reis gedeihen konnte und wie viel Anstrengung und Mühen bedurfte es, ihn anzubauen und zu ernten? Wie viele Tropfen kostbaren Regens und goldener Sonnenstrahlen wurden gebraucht, damit das Gemüse wachsen konnte? Wie viel Energie hat eine Kuh aufgebracht, um das Gras zu fressen, welches wochenlang gewachsen ist, um es dann auf wunderbare Weise in Milch zu verwandeln, die zu unserem Joghurt wird? Das Universum gibt uns so viel in nur einer einzigen Mahlzeit, die wir in ein paar Minuten verschlingen! Denken wir darüber jemals nach?

Wie Mutter Natur so opfert sich auch Amma, um uns zu lehren, unser Leben richtig zu führen und der Welt selbstlos zu dienen. Ammas Leben war immer bestimmt von Geben, niemals von Nehmen, abgesehen davon, dass sie die Schmerzen und Leiden derer auf sich nimmt, die zu ihr kommen.

Der Poet Hafiz schrieb:

„Die Sonne sagt niemals zur Erde:
Du schuldest mir etwas.
Sieh, was durch solch eine Liebe entsteht,
sie erhellt den ganzen Himmel.“

Amma schenkt uns und der Welt so viel Freude. Wenn wir der Welt weiterhin geben, wird sie sich um uns kümmern. Beispiele dazu sind leicht in Ammas Leben zu finden. Als sie jung war, schlief sie draußen auf dem nackten Boden oder lag im Schlamm der Backwaters, die das Haus ihrer Familie umgab. Es gab Monate, in denen Amma sich nur von ein paar *Tulasi*-Blättern ernährte. Sie kümmerte sich nie um Essen, aber Mutter Natur versorgte sie. Es waren Tiere, die ihr Nahrung brachten. Ein Adler warf Fische in ihren Schoß, ein Hund brachte ihr Essen, das er in seinem Maul transportierte und eine Kuh stellte sich so über sie, dass sie Milch aus ihrem Euter trinken konnte. Amma sagte, dass sich Papageien zu ihr setzten und mitweinten, wenn sie stundenlang nach Gott weinte. Die ganze Natur machte sich zusammen mit ihr auf die Suche nach der Einheit mit dem Göttlichen. Derartig war das Mitgefühl der Tiere, im krassen Gegensatz zu ihrer eigenen Familie, die dachte, sie sei verrückt. Noch heute finden wir manchmal merkwürdige Gaben auf den Stufen oder auf der Fußmatte vor Ammas Zimmer. Amma sagt, dass Tiere ihr diese Geschenke bringen.

Während die Natur immer nur gibt, sind die Menschen unglücklicherweise so veranlagt, dass sie immer nur nehmen, nach mehr verlangen, aber nichts dafür zurückgeben. Wir haben so große *karmische* Schulden bei der Natur, der Welt und den leidenden Menschen überall. Der einzige Weg sie zu begleichen ist der, unser Bestes zu geben und von Amma zu lernen, die soviel tut, um jeden von uns zu erheben.

Es ist notwendig, dass wir unser selbstsüchtiges *Ego* loswerden. In der heutigen Welt braucht es selbstlos Dienende, welche die Menschen von ihren Leiden befreien. Bloßes Reden über gute Taten ist nicht genug. Wir müssen Ammas Beispiel folgen und unsere Worte in Taten umsetzen, um unseres eigenen inneren Friedens Willen, genauso wie für die Welt.

Ammas Leben ist das perfekte Beispiel für Selbstlosigkeit. Wir können nicht genau in ihre Fußstapfen treten, aber wir können wenigstens versuchen, einen Teil ihrer Selbstlosigkeit und bedingungslosen Liebe, die von ihr überfließt, in uns aufzunehmen. Wenn wir das tun, werden wir eines Tages mit Sicherheit zum Segen für die Welt.

Man kann nicht sagen, dass Ammas Gesundheit jemals sehr gut gewesen wäre. Sie wird von vielen oft gebeten, sich selbst zu heilen. Ammas Antwort darauf ist, dass sie sich selbst der Welt geopfert hat. Ein Geschenk sollte niemals zurückgenommen werden. Obwohl sie so viele andere geheilt hat, zeigt Amma sich nie besorgt um ihr eigenes Wohlergehen. Ihr Gebet war immer: „Lass mich meinen letzten Atemzug nehmen, während jemand an meiner Schulter ruht und ich ihn tröste." Und dies wird bestimmt so geschehen.

Ich gebe Dir alles hin,
aber meine Gedanken schleichen sich, einem Verräter gleich,
zurück in die Welt.

Mein Herz weint nach Dir,
aber die Welt zieht mich von Dir hinweg.
Welch erbärmliche Geburt das ist.

Bevor ich Dich fand,
habe ich so viel gesündigt.
Jetzt sehne ich mich danach, an Deinen Lotusfüßen festzuhalten,
aber meine Sünden ziehen mich fort.

Ich will in dem Ozean Deiner Barmherzigkeit ertrinken,
ertrinke aber in meinen eigenen Tränen.
maayaa hält mich so fest gefangen,
bitte mach, dass sie mich loslässt!

Kapitel 12

✿

Entsagung

„Hinter jeder guten Sache
wirst Du jemanden finden,
der allem anderen entsagt hat,
um ihr sein Leben zu widmen.“

Amma

Ich habe Amma einmal gefragt: „Was ist echtes *vairaagya*?“
Ihre Antwort war: „Sich bei fauligem Gestank die Nase zuzuhalten.“ Ich war schockiert über diese Antwort, da ich eher an
das Gegenteil gedacht hatte. Sie schien zu sagen, dass wir nicht
die ganze Zeit denken sollten: „Ich bin so großartig, ich kann
diesen grässlichen Gestank ertragen“, während wir ihn angeekelt
einatmen. Tatsächlich sagte sie, dass wir die Unterscheidungsfä-
higkeit haben sollten, unsere Nase zuzuhalten, um das Einatmen
von üblem Gestank zu vermeiden. Amma lehrte mich, dass wahres *vairaagya* uns das Wissen vermittelt, die richtige Handlung
am richtigen Ort zur richtigen Zeit auszuführen. Aber wie viele
von uns haben diese Losgelöstheit? Die Meisten von uns reisen
beeinflusst von Wünschen und Anhaftungen durch das Leben

Frieden kommt und geht, er verbleibt auf Grund unserer
Vorlieben und Abneigungen nie ständig in uns. Der Grund für

all unsere Leiden sind die Wünsche, die wir in unserem Geist hegen. Deshalb sollten wir versuchen, losgelöst zu bleiben, indem wir unsere Gedanken fernhalten von den Dingen in die sie sich verrennen wollen. Nur wenn wir all unsere Wünsche völlig verwandeln, können wir immerwährendes Glück und Frieden erfahren. Amma ist dies gelungen und sie konnte Kraft ihrer völligen Selbstbestimmtheit Außergewöhnliches leisten und der Menschheit damit große Dienste erweisen.

Amma zeigt uns, dass wir die wahre Quelle des Glücks, die nur darauf wartet von uns entdeckt zu werden, nicht in der Welt, sondern in uns selbst finden. Wenn wir Verzicht üben, können wir auch in der Welt leben, sie sogar lieben, ohne fälschlich anzunehmen, dass die Objekte der Welt uns inneren Frieden oder Zufriedenheit bringen. Indem wir diese Wahrheit verstehen, können wir unsere Reise nach Innen verlagern und diesen Frieden hoffentlich in uns finden.

Ammas Leben ist das perfekte Beispiel wahrer Entsagung. Ständig erteilt sie uns Lektionen, die wir lernen sollen. Als wir einmal im *ashram* in Bangalore ankamen, fanden wir ein schönes, neues Zimmer vor, das für Amma gebaut worden war. Wir begannen, die Stufen zu dem Raum hochzusteigen. Als sie aber den grünen Marmor sah, aus dem man das Treppenhaus gebaut hatte, wurde sie ziemlich zornig und setzte sich einfach auf halber Strecke. Sie schaute sich das Zimmer nicht einmal an. Nachdem sie sah, wie kunstvoll das Treppenhaus gestaltet worden war, stellte sie sich vor, dass das Zimmer noch extravaganter aussehen würde. Marmor ist selbst in Indien teuer. Sie war wütend darüber, dass soviel Geld verschwendet worden war, um einen schönen Raum für sie zu schaffen, den sie nur zweimal im Jahr benutzen würde, mit Geldern, die man besser für die Armen verwendet hätte.

Amma hat gesagt, dass wir als spirituelle Menschen nicht an unseren eigenen Komfort denken sollten. Stattdessen sollten wir lernen, wie ein Fluss zu fließen. Wenn ein Hindernis, z.B. die Wurzel eines Baumes, den Weg versperrt, fließt das Wasser einfach sanft um sie herum. So wie der Fluss fähig ist seinen Lauf zu ändern, sollten auch wir lernen uns an Herausforderungen und Hindernisse im Leben anzupassen. Indem wir uns unbequemen Situationen stellen, üben wir uns darin zufrieden zu sein, mit allem was Gott uns zukommen lässt. Wir vertrauen darauf, dass wir das, was wir wirklich brauchen und verdienen, ungefragt bekommen. Wenn wir reisen, weist uns Amma an, dass wir weder jemanden bitten sollen, uns aus dem Weg zu gehen, noch sollen wir unsere Gastgeber mit persönlichen Bitten belästigen. Wir sollten anderen keine zusätzlichen Schwierigkeiten schaffen, sondern zufrieden sein mit dem, was wir erhalten.

Wenn wir mit Amma auf Welt-Touren sind und alle paar Tage in verschiedene Städte oder Länder reisen, gibt es oft Nächte, in denen wir gar nicht schlafen, da die Programme meistens die ganze Nacht über andauern. Manchmal gibt es Tage, an denen nicht einmal Zeit bleibt zu essen oder zu trinken. Die Menschen, die kommen, um Amma zu begegnen, beobachten was wir durchleben, all die harte Arbeit und den Mangel an Schlaf und verstehen nicht, wie wir das ertragen. Es ist nur unsere Liebe zu Amma, die uns befähigt, diesen strikten Zeitplan einzuhalten. Es ist Liebe, die uns die Kraft gibt, im Leben alles zu erreichen.

Zu *amritavarsham 50* kamen, abgesehen von Hunderttausenden indischer *devotees*, über 3000 Menschen aus verschieden Ländern, um an den viertägigen Konferenzen und kulturellen Programmen anlässlich Ammas fünfzigstem Geburtstag teilzunehmen. Für viele von ihnen war es der erste Besuch in Indien und einige empfanden die Bedingungen als Herausforderung, aber das sah man den Gesichtern der Menschen, die alle vor Freude glühten, zu keiner Zeit an. Viele von uns aßen und schliefen fast gar nichts in diesen vier Tagen, dennoch war es das Highlight unseres Lebens. Aus Liebe zu Amma konnten die Menschen stundenlang in der großen Hitze und der sengenden Sonne sitzen und waren glücklich, ihren alltäglichen Komfort zu opfern, um an diesem außergewöhnlichen Ereignis teilzunehmen. Wenn wir daran denken, wie wir unseren Geburtstag feiern, denken wir daran, Geschenke und besondere Aufmerksamkeit zu bekommen. Für Amma hingegen war es eine Gelegenheit, die Menschen zusammenzubringen, um für Frieden und Harmonie in der Welt zu beten.

Manche verlieben sich so sehr in Amma, dass sie ihr überall hin folgen und alles dafür aufgeben, um bei der „Diebin der Herzen" zu sein. Viele Westler sind gekommen, um ständig bei ihr in Indien zu leben. Mit den Jahren hat Amma das Leben der *devotees* vollkommen verwandelt. Viele hatten gutbezahlte Jobs und ein luxuriösen Leben geführt, aber diese Lebensweise wurde bedeutungslos im Vergleich zu dem inneren Frieden, den sie in einem einfachen Leben zu Füßen eines *mahaatmas* gefunden haben. In ähnlicher Weise haben sich viele *devotees*, die von Amma entfernt leben, entschlossen, ihre Zeit und Talente für selbstloses Dienen zu nutzen und teilzunehmen an Ammas karitativen Aktivitäten an verschiedenen Orten in der ganzen Welt. Ich habe mit meinen eigenen Augen gesehen, wie sie sich verändert haben, indem sie Ammas Lehren in sich aufgenommen und sie in die Praxis umgesetzt haben.

Während der Süd-Indien-Tour 2003 besuchten wir die Stadt Rameshwaram. Eine große Menschenmenge wartete darauf, Ammas *darshan* zu erhalten, es müssen mindestens 20.000 gewesen sein. Der *darshan* dauerte die ganze Nacht über an und weit in den nächsten Tag hinein. Als das Programm schließlich am späten Vormittag endete, beschloss Amma unerwartet, direkt zum nächsten Programmort weiterzureisen und zwar im Auto, anstatt mit dem andern Fahrzeug, welches sie üblicherweise benutzte. Sie hatte seit den frühen Morgenstunden des vorigen Tages weder etwas gegessen, noch geschlafen, was für uns immer schwierig war, aber nichts Besonderes für Amma. Während der Fahrt erwähnte sie irgendwann, dass sie ein wenig Hunger hätte. Wir begannen also, nach etwas Essbarem zu suchen, aber das Essen, das für sie vorbereitet worden war, war ja im anderen Fahrzeug und Amma wollte auf keinen Fall deswegen anhalten.

Als wir nach einiger Zeit an einem Bahnübergang stoppten, tauchte ein kleiner Junge auf, der sonderbares Wurzel-Gemüse verkaufte. Amma war neugierig, was das war, also suchte der Fahrer zwei Rupien in seiner Jackentasche und erstand zwei Stück davon. Es war halbgar, sehr faserig und leicht bitter. Nachdem sie es probiert hatte, beschloss Amma, dass dies ihr heutiges Mahl sein würde. Sie gab uns *prasaad* und kaute auf dem Rest davon herum.

Obwohl sie die ganze Nacht wach gewesen war, verlangte Amma nicht nach einem Bett, um sich auszuruhen, sondern war zufrieden damit, im Auto zu sitzen. Nach über vierundzwanzig Stunden ohne zu essen war sie glücklich mit dem, was sie für zwei Rupien bekommen konnte. Amma kann unter allen Bedingungen glücklich sein, da die Quelle ihrer Freude nicht in der äußeren Welt liegt, sondern in der inneren.

Frieden und Glück von der äußeren Welt zu erwarten ist, wie ein Loch in der Wüste zu graben, in der Hoffnung Wasser zu finden, um unseren Durst zu stillen. Auch wenn wir Jahre danach graben, werden wir dort wahrscheinlich nie Wasser finden. Wenn wir wie durch ein Wunder doch welches finden, dann ist es höchstwahrscheinlich Salzwasser, welches unseren Durst nur noch verstärkt. Wenn wir zu Amma kommen, wird unser Durst gestillt, weil sie uns lehrt, wahre Zufriedenheit in unserem Innern zu finden.

Es war einmal ein reicher Mann, der sein ganzes Geld hortete und es nur für Luxus ausgab. Eines Tages, als er die Tür seines Mercedes öffnete, raste ein LKW vorbei und riss die Tür aus den Angeln. Als die Polizei eintraf, tobte der Mann wütend und beschwerte sich bitterlich über den Schaden seines wertvollen Auto.

„Sind Sie verrückt?" fragte der Polizist, „Sie sind so besorgt um Ihr schönes Auto, so dass Sie nicht einmal bemerkt haben, dass Ihnen der linke Arm abgerissen wurde!"

„O nein!" schrie der Mann, schaute an sich herunter und bemerkte, dass sein Arm fehlte, „Wo ist meine Rolex?"

Wenn wir verstehen, dass Glück nicht in äußeren Objekten oder Sinnesvergnügungen zu finden ist, dann werden wir aufhören wollen, Geld für unnötige Dinge auszugeben und es nutzen, um den Armen damit zu dienen.

Viele der Kinder, die um Amma herum aufgewachsen sind, haben diese wichtige Lektion gelernt. In diesem Jahr gewann ein Junge aus der Schweiz, der ein begabter Flötist ist, einen nationalen Wettbewerb. Das Preisgeld, das er erhielt, wollte er aber nicht behalten, da er das Gefühl hatte, dass es Amma gehöre. Er hatte das Gefühl, dass sie durch ihn gespielt hatte und er wollte es ihr für karitative Zwecke geben. Amma war sehr gerührt von seiner Geste.

Seine jüngere Schwester freute sich zwar für ihn, war aber doch auch traurig, weil sie das Gefühl hatte, Amma nichts geben zu können. Als sie zum *darshan* ging sagte Amma zu ihr „Du kannst auch ein Instrument spielen lernen und vielleicht einen Preis gewinnen und das Geld dann auch spenden, um armen Kindern zu helfen." Eine Woche später, an ihrem Geburtstag, gaben ihr die Großeltern Geld für ein Eis. Anstatt das Geld für ihr eigenes Vergnügen auszugeben, kam sie zum *darshan* und bestand darauf, dass dieses Geld benutzt würde, um anderen zu

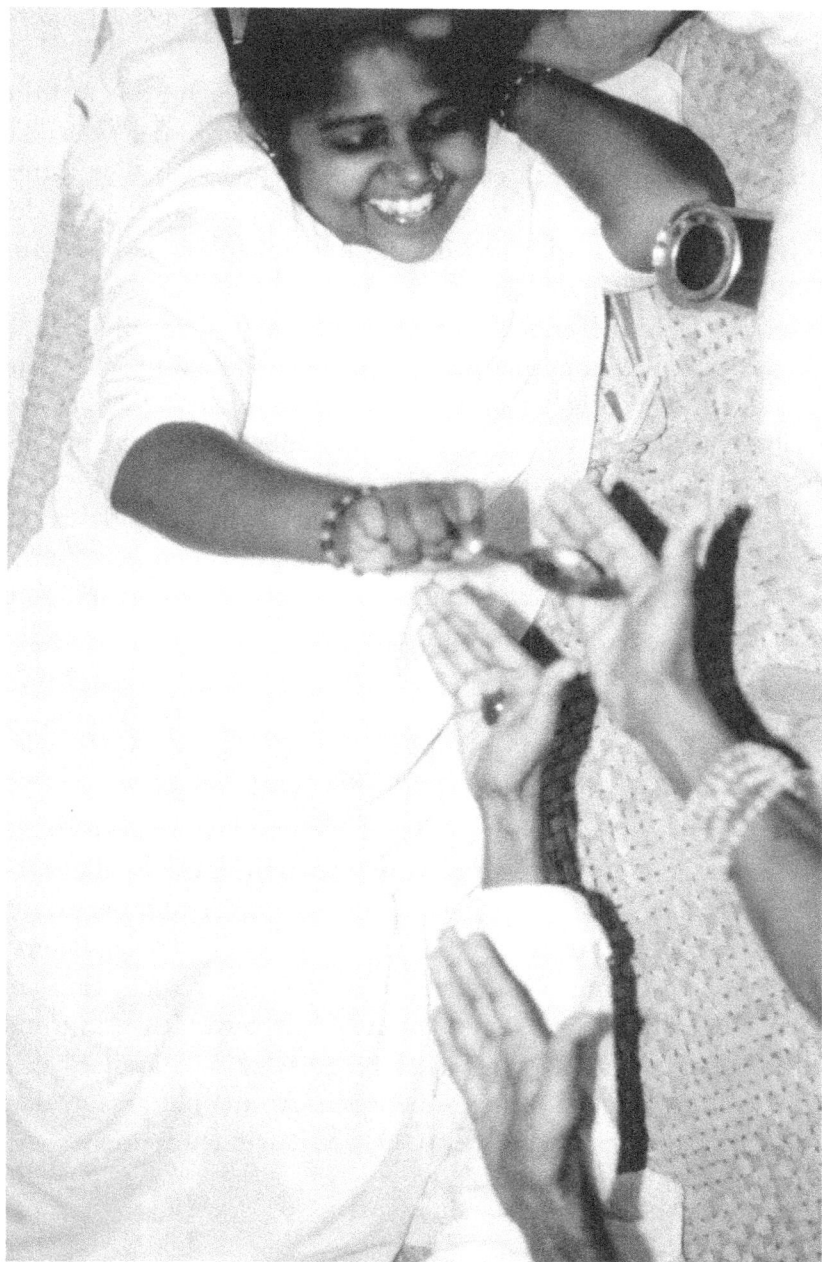

helfen. Amma erfüllte den Wunsch des Mädchens und nahm die Spende an.

Amma sagt, dass Gott nichts von uns braucht, da Gott die Fülle selbst ist. Aber es gibt so viele Menschen in der Welt, die extrem leiden und unsere Hilfe brauchen. Indem wir ihnen dienen gewinnen auch wir, denn wenn wir diese Haltung des Gebens haben, werden wir offener und mitfühlender, was uns hilft, spirituell zu wachsen.

Von den Tausenden von Menschen in Indien, die täglich kommen, um Amma zu begegnen, sind vielleicht zwanzig Prozent gesund und benötigen nichts weiter. Die nächsten dreißig Prozent haben gerade mal genug, um ihre Grundbedürfnisse zu stillen, aber nicht mehr. Die übrigen fünfzig Prozent kämpfen wirklich hart ums Überleben. Diese Menschen müssen oft auf Nahrung, medizinische Hilfe oder andere Notwendigkeiten verzichten, weil sie arm sind. Es kann sein, dass sie sich Kleidung von ihren Nachbarn leihen mussten, um zu Amma zu reisen, da sie nichts Entsprechendes zum Anziehen hatten. Manchmal müssen Frauen ihre Armreifen oder Ohrringe verkaufen, um genug Geld für die Reise in den *ashram* zu haben. Manche essen auch ein oder zwei Tage lang nichts, um das Geld für die Fahrkarte zu sparen.

Als wir neulich in Singapur waren, wurde Amma von einem Reporter gefragt, was ihrer Meinung nach die Ursache aller Probleme in der Welt sei. Amma antwortete, dass Armut der größte Feind der Gesellschaft sei. Sie sagte, dies sei einer der Hauptgründe, weswegen Menschen zu Terroristen werden, sich auf Drogengeschäfte einlassen oder zu Mördern werden. Aufgrund der Armut suchen Menschen einen Ausweg in Diebstahl und Prostitution, einfach um zu überleben. Amma hat gesagt, dass viele der bestehenden sozialen Übel verschwinden werden, wenn wir die Armut ausrotten.

Da wir alle auf die eine oder andere Weise unseren Lebens-unterhalt verdienen müssen, schlägt Amma vor, dass jeder eine halbe Stunde am Tag zusätzlich für die Armen arbeiten sollte, als Dienst an der Welt. Sie sagt, dass achtzig Prozent aller Probleme in der Welt ausgelöscht werden könnten, wenn jeder von uns nur einen kleinen Teil des täglichen Verdienstes wohltätigen Zwecken zukommen ließe.

Man sagt, dass die Menschen zwei hauptsächliche Probleme haben. Das eine entsteht, wenn unsere Wünsche nicht erfüllt werden und das andere, wenn sie es werden. Es wird auch gesagt, dass Gott uns alles gibt, was wir uns wünschen, wenn Gott uns strafen will. Wir beten oft für viele Dinge, aber wenn wir sie dann haben, merken wir, dass wir sie eigentlich gar nicht wollen. Manch einer verbringt sein ganzes Leben damit, sich um seine Gesundheit zu sorgen oder hinter Ruhm und Anerkennung herzujagen. Leute, die diesen Dingen nachrennen, bekommen sie selten und wenn sie sie zufällig erlangen, sind sie weder lange glücklich noch erfahren sie echten Seelenfrieden. Es ist besser, die Dinge uns hinterher rennen zu lassen als nach ihnen zu jagen. Was wir wirklich brauchen, wird Gott uns sicher geben.

Manche haben allen Luxus der Welt, sind aber dennoch unglücklich. Es gibt sogar Menschen, die in mit Klimaanlage ausgestatteten palastartigen Gebäuden leben und damit enden, sich das Leben zu nehmen. Wir hören selten von Menschen, die auf ihrem Sterbebett bedauern, dass sie nicht mehr Besitztümer oder Geld hatten. Stattdessen hören wir von Menschen, die bedauern, das Leben nicht mehr genossen zu haben und dass sie nicht gelernt haben, andere wirklich zu lieben.

Wenn wir mit dem Tod konfrontiert werden, kann alles, was wir uns im Leben gewünscht haben, plötzlich unwichtig werden. Amma sagt, dass wir versuchen, unser Leben zu versichern, weil wir denken, dass Reichtum uns als Schutz gegen alles Unbekannte dienen kann. Wir vergessen aber, dass uns der Tod in jedem Moment ereilen kann. Wir müssen diese Wahrheit immer vor Augen haben und ein rechtschaffenes Leben führen. Unser Leben sollte nicht sein wie das eines Hundes, der sein eigenes Spiegelbild anbellt und glaubt, es sei echt. Wir sollten keinen Schatten hinterher jagen, sondern versuchen uns nach innen zu wenden, um wahre Zufriedenheit zu finden. Wenn wir in Sinnesvergnügen schwelgen, verschwenden wir unsere wertvolle Lebensenergie. Ein Hund, der auf einem Knochen herumkaut, mag sein eigenes Blut schmecken und es im Glauben genießen, es käme von dem Knochen. So ist es auch, wenn wir das Glück in der äußeren Welt suchen. Wovon wir glauben, dass es die Quelle unseres Glücks sei, ist in Wahrheit eine Illusion, die zum Leiden führt.

Nichts in dieser Welt ist ewig. Wenn wir äußeren Objekten anhaften, kann das zu keinem anderen Resultat führen als zu Kummer. Die Lehre, die uns der Kummer erteilt ist die, dass wir uns stattdessen Gott zuwenden sollten. Amma sagt: „Entsagung ist nur möglich, wenn Liebe zu dem höheren Ziel Gott vorhanden ist." Wir können Verzicht nicht erzwingen - wir können nur versuchen gute Eigenschaften zu entwickeln, dann werden die Schlechten ganz von selbst wegfallen.

Nimm diese Ketten fort, die mich binden.
Mein Herz sehnt sich einzig danach, unablässig Dich zu lieben,
aber mein Geist, der Verräter,
treibt zurück in die Welt.
Ich bin hilflos gefangen
zwischen der kummervollen Illusion und der süßen Seligkeit,
entstanden aus der Suche nach Deiner gnadenvollen Gestalt.
Wie viele leidvolle Tage muss ich noch ertragen,
bevor Du mir die Berührung Deiner Lotosfüße erlaubst?
Wie lange wird diese zerbrechliche Gestalt
die Qual des getrennt seins von Dir ertragen?

Kapitel 13

Am wichtigsten ist die innere Haltung

„Gewinne mehr Stärke, um den Hindernissen, die auf Deinem
spirituellen Weg auftauchen können, zu begegnen.
Wir können die Umstände im Leben nicht ändern,
aber wir können unsere Haltung ihnen gegenüber verändern."

Amma

W ir haben in unserem Leben nur sehr wenig Kontrolle. Wir können weder die Handlungen der Anderen kontrollieren noch das Ergebnis unserer eigenen Handlungen. Die Haltung, mit der wir eine Handlung ausführen, ist das Einzige, über das wir in unserem Leben völlige Kontrolle haben. Amma sagt, dass wir keine Kontrolle haben über den Wind, der über den Ozean weht, wenn wir aber unsere Segel der Richtung des Windes angleichen, wird er uns bestimmt weitertragen.

Das Leben ist eine Mischung aus Freud und Leid, es ist nie ohne Kummer und Schmerzen. Einzig, wenn sich unsere Wünsche verändern, können wir immerwährend glücklich und friedvoll sein. Wenn uns jemand lobt, aber am nächsten Tag schon kritisiert, wird uns das wahrscheinlich verletzen. Amma sagt, dass wir einen Geist entwickeln sollten, der von diesen wechselnden Umständen nicht beeinträchtigt wird. Als spirituell Suchende müssen wir lernen, in jeder Situation im Leben Gelassenheit und Ausgeglichenheit zu bewahren.

Wenn wir die Lebensumstände von Amma betrachten und wie sie damit in all den Jahren fertig geworden ist, können wir die Wahrheit erkennen, dass unsere innere Haltung ausschlaggebend dafür ist, ob wir unser Leben als glücklich und sinnerfüllt erfahren. Wenn sie auch nicht immer akzeptiert wurde, so ist Amma heute über die Grenzen hinaus bekannt für ihre ausgedehnten humanitären Aktivitäten und ihre einfache Geste der Liebe, die ihren Ausdruck im täglichen *darshan* findet. Selbst angesichts von Not und Verachtung war Amma nie besorgt.

Vor vielen Jahren waren einige Dorfbewohner, die in der Nähe des *ashrams* lebten, sehr gegen Amma eingestellt. Sie haben weder Amma noch überhaupt etwas von Spiritualität verstanden, deshalb waren sie oft sehr kritisch, was Amma oder den *ashram* anging, aber mit der Zeit lernten sie Ammas Größe mehr zu verstehen.

Anfang September 2000, nachdem Amma in der Generalversammlung der Vereinten Nationen in New York eine Rede gehalten hatte, kamen wir zurück nach Indien. Die Menschen waren so stolz auf sie, da sie die erste Frau war, die vor den U.N. in *malayaalam* gesprochen hatte. Mehrere Kilometer entlang der Straße, die zum *ashram* führt, waren Amma zu Ehren die Häuser mit Öllämpchen geschmückt. Menschen, die sie einst geschmäht hatten, verehrten sie jetzt. Sie blieb davon nach wie vor unbeeindruckt. Damals warfen die Dorfbewohner mit Steinen nach ihr – jetzt warfen sie Blumen.

Einmal begann ein Mädchen aus dem *ashram* mir davon zu erzählen, wie sehr sie von Kummer überwältigt war. Sie sagte, dass sie sich so weit von Amma entfernt fühle und keine Beziehung zu ihr hätte. Amma gab ihr einen Ratschlag: „Du kannst zur Sonne hinauf schauen und denken: Ich will wie die Sonne sein!, aber Du weißt, dass das praktisch unmöglich ist. Warum versuchst Du nicht wenigstens wie ein Glühwürmchen zu werden? Es genügt, wie ein Glühwürmchen zu sein. Wir sind zwar nicht in der Lage, die Erde mit so hellen und warmen Strahlen zu bescheinen wie die Sonne, aber zumindest können wir ein klein wenig in der Dunkelheit leuchten, ein kleines Leuchtfeuer werden, um jemandes Weg zu erhellen."

Sorgen sind ein Teil des Lebens. Sie sind wie Vögel, die am Himmel fliegen. Wir sollten ihnen einfach erlauben zu fliegen, wir sollten ihnen aber nicht erlauben, ein Nest auf unserem Kopf zu bauen. Wir sollten weder über Sorgen brüten, noch sollten wir ihnen erlauben für immer bei uns zu bleiben. Stattdessen sollten wir sie loslassen. Manchmal haben wir das Gefühl, uns im Dunkeln zu befinden, aber in Wahrheit existiert diese Finsternis gar nicht. Amma sagt: „Öffnet Eure Herzen und ihr werdet sehen, dass es diese Dunkelheit nie gegeben hat, dass da immer nur Licht war. Wenn wir die Finsternis fühlen, dann sollten wir uns daran erinnern, dass sie in ihrem Schoß das Licht der Morgendämmerung birgt." Amma erinnert uns immer wieder, dass wir das Licht Gottes sind und dieses Licht immerzu in unserem Inneren leuchtet. Wir verschließen unsere Türen und Fenster einfach nur und beschweren uns dann, dass das Licht nicht hereinscheint.

Unsere Lebenserfahrung wird von unserer Einstellung bestimmt, sei es Kummer und Schmerz oder Glück. Die meiste Zeit tendieren wir dazu, zu lange über Probleme und Schwierigkeiten, die wir haben, nachzudenken, anstatt an all die schönen Dinge zu denken, die uns gegeben wurden. Es gibt so viele Menschen, die wirklich schwerwiegende Probleme und Sorgen haben. Wenn wir uns daran erinnern, wie viel wir tatsächlich haben, vor allem die Gnade, Amma begegnet zu sein, werden unsere Lebenserfahrungen im Vergleich dazu erscheinen, wie der Unterschied zwischen Tag und Nacht.

Eine Frau aus Neuseeland erzählte mir einmal davon, wie Amma ihr eines Tages eine wichtige Lehre erteilte. Sie war dabei, in der *ashram*-Kantine die Tische abzuwischen und abzuräumen, nachdem alle gegessen hatten. Da sie an Arthritis litt, war sie ein bisschen genervt bei dem Gedanken, mit dem nagenden Schmerz in der Hüfte immer noch arbeiten zu müssen. Da kam eines der Mädchen vorbei, die im *ashram* lebten. Sie war neun Jahre alt und sehr liebenswert. Vor kurzem hatte sie sich bei einem Sturz das Handgelenk gebrochen und trug ihren rechten Arm in Gips. Das Mädchen sprang fröhlich auf sie zu und fragte, ob sie ihr helfen könne. Die Frau schaute auf ihren Gips und meinte, dass sie doch ihren Arm verletzt hätte. „Ja schon, aber ich habe ja immer noch den anderen Arm, der in Ordnung ist und mit dem ich helfen kann!" antwortete das Mädchen lächelnd. Die Frau war daraufhin sehr zerknirscht. Da war ein kleines Kind, das genauso große Probleme hatte wie sie, aber trotzdem immer noch das Bedürfnis hatte, anderen zu helfen.

Heutzutage packen nur wenige Menschen selbstlosen Dienst mit wirklicher Liebe und Freude an. Amma hat oft erwähnt, dass viele Leute im *ashram* zwar eine Menge arbeiten, aber nicht immer mit der richtigen Einstellung. Es wurde einmal scherzhaft erzählt, dass einige Mädchen zu Beginn mit einer hilfsbereiten Haltung in den *ashram* kommen. Sie schnappen sich einen Besen und beginnen zu kehren. Nach einer Weile verschwindet diese Hilfsbereitschaft aber und anstatt mit dem Besen zu kehren, beginnen sie herumzurennen und Leute damit zu schlagen!

Wenn wir Menschen sehen, die ihre Arbeit mit echter Liebe und Konzentration tun, dann beginnen auch wir, ihre Freude zu teilen. Sie wirkt ansteckend. Mir haben zum Beispiel Leute erzählt, dass sie die Liebe, welche die *brahmacharinis* für Amma empfinden wirklich fühlen, wenn sie in der *panchakarma*-Klinik im *ashram* eine *aayurvedische* Massage bekommen. Eine *aayurvedische* Massage zu geben mag einem auf den ersten Blick nicht erscheinen wie eine spirituelle Übung, aber alles, was mit der richtigen Haltung ausgeführt wird, kann zu einem Mittel werden, um Ammas Gnade zu empfangen.

Es ist die Absicht, die hinter einer Handlung steckt, die so wichtig ist und letztendlich das Resultat bestimmt. Ein Mörder, der ein Messer benutzt, um zu töten, wird an dem negativen *karma* leiden, das er sich mit seiner üblen Absicht auflädt. Ein Arzt hingegen, der mit dem Messer einen chirurgischen Eingriff vornimmt, tut das mit der Absicht, das Leben des Patienten zu retten. Diese Absicht wird positives *karma* zur Folge haben. Auch wenn das Instrument und die Handlung die Gleichen sind, die Absicht hinter der Handlung ist eine andere.

Da die Haltung das Ergebnis bestimmt, sollten unseren Handlungen gute Absichten zugrunde liegen, damit Gottes Gnade zu uns fließen kann.

Amma definiert Spiritualität als die Kunst, die uns lehrt, unser gesamtes Leben in Perfektion zu gestalten. Das Verständnis spiritueller Prinzipien ist der wichtigste Typus von Wissen, den wir im Leben besitzen können, da Spiritualität uns lehrt, wie wir unser Leben in dieser materiellen Welt meistern können. Selbst wenn wir Vertrauen in Gott haben, können uns unsere Anhaftungen immer noch Energie abziehen, wenn wir nicht das richtige Verständnis haben. Jemand kann ein glückliches Leben führen, wenn er die spirituellen Prinzipien versteht und weiß, dass die Natur der Welt unwirklich ist und sich ewig verändern wird. Jemand, der sich der unvermeidlichen Höhen und Tiefen des Lebens jedoch nicht bewusst ist, wird immer Kummer und Sorgen vorfinden.

Hindernisse können uns stärker machen. Der wundervolle Regenbogen mit seinen strahlenden Farben erscheint nur, wenn es regnet. In gleicher Weise sind Glück und Unglück zwei Seiten einer Münze. Durch etwas Schlechtes kann etwas Gutes entstehen. Zum Beispiel entstand den betroffenen Menschen in Gujarat 2001 durch das schwere Erdbeben unglaubliches Leid, aber es rief auch tiefes Mitgefühl in den Herzen der Menschen in der ganzen Welt hervor, die helfen wollten.

Ich erinnere mich an einen anrührenden Artikel, den ich gelesen hatte, über eine Gruppe von Lastenträgern in einem der Bahnhöfe in Gujarat und ihre mitfühlende Reaktion auf die Verwüstung durch das Erdbeben. Lastenträger werden oft als abgebrüht wahrgenommen, da sie ihren Lebensunterhalt damit verdienen, Reisende zu belästigen und zuviel dafür verlangen, dass sie ihre Taschen tragen. Diese Gruppe von Lastenträgern war jedenfalls anders. Nach dem Erdbeben legten sie ihr Geld zusammen, kochten etwas zu essen und verteilten die Mahlzeiten kostenlos an diejenigen, die im Bahnhof ankamen. Sie öffneten ihre Herzen und kümmerten sich um die Leidenden, anstatt um ihren eigenen, persönlichen Gewinn.

Ein großer Teil der Bevölkerung in Gujarat hatte durch das Erdbeben seine Wohnung und seine Lieben verloren. Wenn die betroffenen *devotees* in Ahmedabad zu Ammas *darshan* kamen, zeigte sie sich sehr besorgt um sie und ihr Wohlergehen. Sie fragte sie: „Wie kommt ihr zurecht? Werdet ihr fertig mit dem großen Verlust?" Sie antworteten ihr ziemlich ruhig: „Gott hat uns gegeben, Gott hat uns genommen." Sie waren nicht so verzweifelt, wie wir es uns vorgestellt hatten, sondern nahmen ihre Situation an.

Amma erinnert uns daran, dass die Tage schnell vorbeigehen. Wir können entweder lachen oder weinen. Ist es also nicht besser zu lachen und eine positive Haltung zu bewahren, egal was das Leben uns bringt? Als wir in Kanada waren, las ich in einem Zeitungsartikel über ein Feuer, das in einer landwirtschaftlichen Gegend ausgebrochen war. Das gesamte Land und das Stammsitzgebäude eines über achtzigjährigen Kartoffelbauers brannte

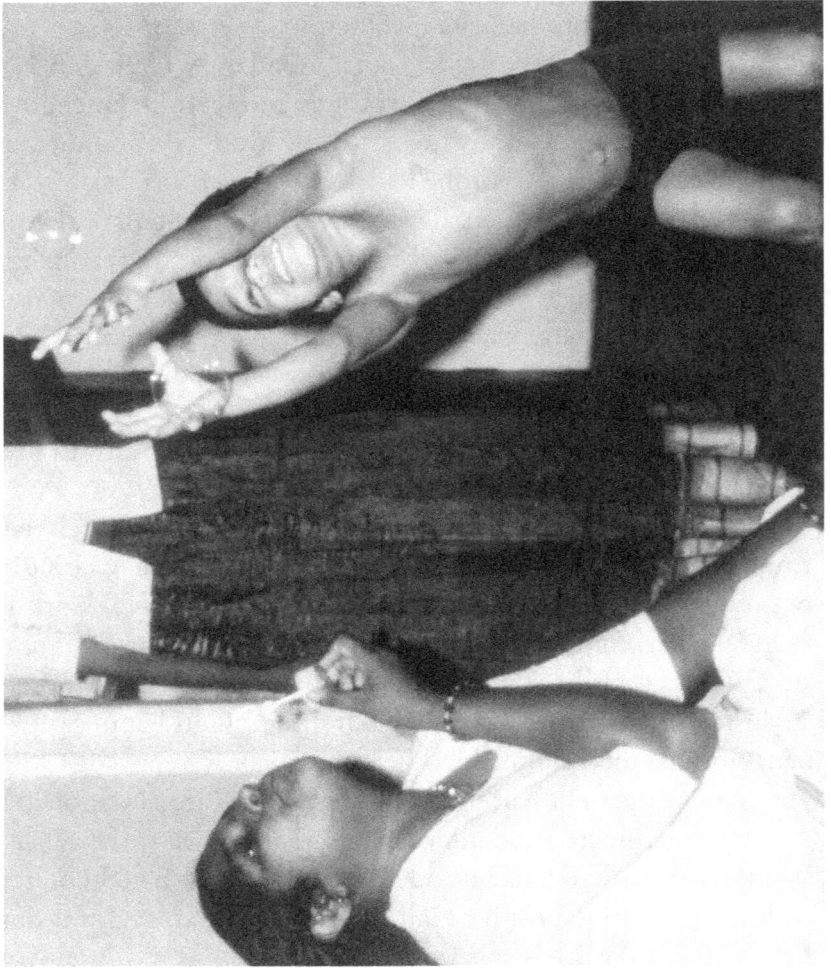

völlig zu Asche nieder. Ihm blieb nichts, außer der Kleidung, die er am Leib trug. Alles war verkohlt. Als Reporter ihn fragten, wie er sich nach diesem Verlust fühle, war seine Antwort: „Nun, ich denke, ich bin der erste Bauer in der Geschichte, dessen Kartoffeln noch vor der Ernte gekocht wurden." Der Reporter war erstaunt darüber, dass er über solch einen großen Verlust scherzen konnte und fragte ihn: „Wie können Sie sich darüber lustig machen, alles verloren zu haben?" Er antwortete: "Well, laugh or cry, days are flying by, it's not for us to wonder why." („Nun, lache oder weine, die Tage fliegen vorbei, es ist nicht an uns, zu fragen warum"). Das ist die Einstellung, mit der wir alle an unser spirituelles Leben herangehen sollten.

Wir können alle wählen, welche Haltung wir im Leben der jeweiligen Situation gegenüber einnehmen. Wenn wir uns bemühen, können wir fast immer irgendetwas positives finden, selbst in den schlimmstmöglichen Fällen. In den Konzentrationslagern, die in Deutschland im zweiten Weltkrieg existierten, gab es ein paar Männer, an die man sich erinnerte, weil sie durch die baufälligen Hütten zogen, um andere zu trösten und ihnen ihr letztes Stück Brot anzubieten. Es gab nicht viele dieser großherzigen Seelen, aber sie werden ewig in Erinnerung bleiben. Obwohl ihnen alles weggenommen worden war, entschlossen sich diese Männer, bis zum Ende alles zu geben, bis sie gar nichts mehr hatten. Durch das Geben konnten sie die Freude des Lebens erfahren.

Es ist wichtig, einen positiven Geisteszustand zu bewahren, wie absichtslos und aufrichtig zu sein, und völliges Vertrauen zu haben. Wenn wir nur halbherzig bei der Sache sind, werden wir das Ziel nie erreichen können.

Es gibt eine lustige Geschichte über eine Frau und ihre zwei Söhne. Die Kinder wollten einen bestimmten Film sehen. Sie verhandelten mit ihrer Mutter und sagten: „Aber in dem Film kommt nur ein *kleines bisschen* Gewalt und ein *kleines bisschen* Sex vor." Sie dachte darüber nach und entschied sich, sie zu lehren, was ein *kleines bisschen* von etwas bewirken kann. Sie backte ein paar Kekse und sagte zu ihnen: „Hier habt Ihr ein paar Kekse, ich habe nur ein *kleines bisschen* Hundekacke mit eingebacken, Ihr werdet es kaum schmecken und nicht einmal bemerken, das es drinnen ist. Wenn Ihr einen davon esst, dann könnt Ihr gehen und Euch den Film anschauen." Sie waren so angeekelt, dass sie die Kekse nicht einmal anfassten. Diese Geschichte macht deutlich, wie selbst ein kleines bisschen Negativität, Selbstsucht oder Unaufrichtigkeit einen großen Unterschied machen kann.

Wenn wir ein offenes Herz haben und uns genügend anstrengen, wird Gottes Gnade zu uns fließen. Einmal, während eines *Devi-bhavas* in Japan, sang ein Mann im Zuschauerraum *ishwar tumhi* auf japanisch. Amma war überrascht, ihn dieses *bhajan* singen zu hören. Jemand erklärte Amma, dass dieser Mann seit sechsundzwanzig Jahren sechs Tage in der Woche im familieneigenen chinesischen Restaurant gearbeitet hatte. In all diesen Jahren hatte er in jeder Woche immer nur den Mittwoch frei. Auch wenn er seit vielen Jahren ein *devotee* von Amma war, war es ihm noch nie möglich gewesen zu kommen, um sie zu sehen. In diesem Jahr fiel die Veranstaltung das erste Mal auf einen Mittwoch und es war ihm endlich möglich, Amma zu begegnen und für sie zu singen. Am Ende des Liedes war er in Tränen aufgelöst. Amma freute sich sehr darüber, ihn mit so viel Aufrichtigkeit und Hingabe singen zu hören.

Einmal kam ein alter Mann in den *ashram*, um ein paar Tage dort zu verbringen. Jedes mal, wenn er zum *darshan* ging, konnten alle sehen, wie liebevoll Amma ihn umarmte. Er wurde in ihren Armen zu einem kleinen Kind, auch wenn er schon ziemlich alt war. Jemand hatte ihm zwei extra Hemden und zwei *dhotis* gegeben. Traditionellerweise bringt man dem *guru* irgendetwas dar, deshalb war er traurig, dass er so arm war und nichts hatte, was er Amma geben konnte. Er überlegte, dass er nicht beide Sets brauchte und beschloss, eines der weißen Hemden Amma zu geben. Sie war so glücklich, dieses Hemd zu bekommen, dass sie es gleich anzog und bis zum Ende des *darshans* anbehielt. Alle liefen in den Tempel, um Amma in dem Hemd zu sehen, was so gut zu ihrem Sari passte. Es war so schön den alten Mann zu sehen, der selig hinter Amma saß, überglücklich, dass sie sein Hemd trug. Mutter konnte sich nicht helfen, sie musste es einfach anziehen. Wenn wir Amma beobachten, können wir sehen, dass sie das Geschenk eines unschuldigen Herzens einfach unwiderstehlich findet.

Es ist sehr einfach, friedlich und ruhig zu sein, wenn wir mit geschlossenen Augen dasitzen. Wir müssen lernen, diese Verfassung auch dann beizubehalten, wenn wir aktiv in der Welt involviert sind. Wenn schwierige Situationen vor uns auftauchen, brauchen wir die gleiche Stabilität des Geistes, die wir haben, wenn angenehme Dinge erscheinen. Wir sollten unter allen Umständen anpassungsfähig bleiben und in der Lage, unser mentales Gleichgewicht zu halten, auch inmitten stressvoller Situationen. Daran können wir erkennen, wie stark wir auf dem spirituellen Weg geworden sind. Alles was wir tun können, ist unser Bestes zu geben und den Rest in Gottes Hand zu legen.

Mein Leben ist entzweigerissen
wie ein Baum, vom Blitz gespalten.
Deine Liebe hat mein Herz durchbohrt
und eine Flamme der Sehnsucht nach Dir entfacht.

Die grausamen Stürme dieser Welt
versuchen diese Liebe zu zerstören,
aber Du beschützt sie alle Zeit
und nährst sie mit Deinem Erbarmen.

Wie einsam dieses Leben ist,
gleich einem traurigem Lied.

Ich treibe dahin mitten in Kummer und Wahn.
Obgleich von vielen umgeben,
gehören sie weder zu mir, noch ich zu ihnen -
Du allein bist in meinem Herzen verwurzelt.

Dein Duft und Deine Schönheit sind unvergleichlich,
wie die einer süßen Rose.
Doch Deine spitzen Dornen
sind alles, was ich zu fassen kriege.

Kapitel 14

Die allwissende Mutter

„Wie kann Amma sagen, wer und was sie ist.
Wie kann dieser höchste Zustand erklärt werden?"
Amma

Vor vielen Jahren, als ich den Gang des oberen Balkons des *ashram*-Gebäudes entlang ging, kam ich an einem Korb vorbei, der mit ungefähr dreißig Packungen Keksen gefüllt war. Ich wusste, dass sie für die *brahmacharis* bestimmt waren und dachte, wenn sie erst einmal ausgeteilt waren, würde ich sicherlich keine mehr abbekommen, daher entschied ich, dass es klüger sei, mir meinen Anteil sofort zu sichern. Ich schaute mich um, ob mich auch niemand beobachtete, nahm eine Packung, steckte sie in meinen Sari und ging weiter. Am Nachmittag schickte Amma eines der Mädchen zu mir. Sie sagte: „Amma lässt fragen, ob Du hier genug zu Essen bekommst?" Mein zögerliches „Ja" blieb mir fast im Halse stecken und ich fühlte mich völlig niedergeschmettert. Amma wusste, was ich getan hatte, auch wenn sie es nicht gesehen hatte. - Ich konnte diese Kekse nie essen!

Amma weiß genau, was in ihren *devotees* vorgeht. Auch dann, wenn sie weit weg ist, weiß sie, was passiert und wie wir uns in einer jeden Situation verhalten.

Eines Tages fragte ein *brahmachari* Amma, ob sie denn alles, was in der Welt geschieht, wüsste, weil er sich das nicht vorstellen konnte. Er trank sehr gerne Tee, was aber in den Anfangsjahren im *ashram* verboten war, damals gab es nur Wasser mit Milch. Er fragte Amma, ob sie mitbekommen würde, wenn er zum Teeshop ginge, während sie meditierte? Sie sagte, dass sie es auf jeden Fall wüsste. Amma sagt, dass sie mit Sicherheit weiß, wenn wir irgendetwas falsch machen, auch wenn sie es nicht immer zeigt.

Es kann sogar sein, dass sie vorgibt, über etwas, das wir getan haben, von einer anderen Person erfahren zu haben. Auf diese Weise entstehen Umstände, entweder von Amma geschaffen oder sie tauchen spontan in ihrer Gegenwart auf, die es ihr ermöglichen, all unsere *vaasanas* an die Oberfläche zu holen, damit sie dann beseitigt werden können. Es mag zum Beispiel so aussehen, dass Amma alle anderen anschaut, nur uns nicht. Es kann aber sein, dass sie nur testen will, wie wir darauf reagieren. So wie ein *aayurvedischer* Arzt alle Symptome eines Patienten kennen muss, bevor er Medikamente verschreibt, will Amma vielleicht nur unsere Neigungen sehen, bevor sie uns ein bestimmtes *saadhana* verordnet.

Es kann auch sein, dass sie uns für etwas tadelt, das wir gar nicht getan haben, nur um zu sehen, wie wir darauf regieren. Auch wenn sie manchmal so tut, als wüsste sie gar nichts, zeigt sie uns zu anderen Zeiten sehr genau, dass ihr nichts entgeht. Wir können nur die Oberfläche der Dinge wahrnehmen, aber Ammas Wahrnehmung geht tiefer, sie sieht Vergangenheit, Gegenwart und Zukunft aller Situationen. Unsere begrenzte Wahrnehmung mag Zweifel in uns hervorrufen, aber wir müssen darauf vertrauen, dass Amma genau weiß, was sie tut.

Wenn wir ihr eine Frage stellen und sie uns eine ungewöhnliche Antwort darauf gibt, mag es den Anschein haben, als hätte sie uns nicht verstanden und manchmal vergehen sogar Jahre, bis wir verstehen, was sie damit gemeint hat. Manchmal gibt sie uns auch keine Antworten. Sie hat gesagt, dass es nicht ihre Aufgabe ist, uns immer alles zu sagen, sondern, dass wir einige Lektionen durch das Leben selbst lernen müssen.

Eine gottverwirklichte Seele kann nie etwas Falsches tun. Gelegentlich mag es so aussehen, als täuschten sie sich - aber am Ende stellt sich doch heraus, dass sie immer Recht haben. Als wir einmal mit dem Auto unterwegs waren, bemerkte jemand, dass es irgendwie verbrannt riechen würde. Amma behauptete, dass etwas im Auto brennen würde, aber wir anderen beharrten darauf, dass der Geruch von außen kam. Als wir in die Auffahrt unseres Ziels einbogen, begann Rauch aus dem Motor aufzusteigen. Ein kleiner Plastikschlauch klebte in der Nähe der Batterie fest und hatte begonnen zu schmelzen und verursachte so den brenzligen Geruch. Sie hatte wieder einmal recht gehabt. Natürlich, Amma hat *immer* recht!

Sie sagt, dass sie die Natur ihres Selbst erkannt hat, welches dasselbe ist wie das alles durchdringende Selbst. Wir alle sind geschaffen als ein kleines Abbild des Makrokosmos. Deshalb können wir auch alles andere erkennen, wenn wir uns selbst erkennen. Aber bisher haben wir noch nicht gelernt, uns selbst zu erkennen. Nur eine vollendete Meisterin wie Amma kann uns helfen diesen Prozess der Erkenntnis zu beginnen. Man sagt, dass der Meister unsere Verbindung zur absoluten Wahrheit wird. In jedem einzelnen Wesen liegt die Saat der Erleuchtung. Wenn wir uns selbst erkennen, dann werden wir alles erkennen.

Amma erklärte einmal, dass die Sonne alles erleuchtet, indem sie auf alles scheint. Es gibt nichts, was die Sonne nicht berühren kann. Dennoch beansprucht sie dies nicht für sich, sie erfüllt einfach demütig ihre Pflicht. In gleicher Weise wird Amma in ihrer Bescheidenheit nie zeigen, dass sie alles weiß, nur durch unsere Erlebnisse mit ihr können wir ihre wahre Größe erkennen.

Einmal, als wir in den USA waren, kam gegen Ende des Programms jemand zu mir an den Verkaufsstand mit einem Tablett voll Schokoladenbonbons, welche Amma während des *darshans* als *prasaad* verteilt. Da sie mich für verantwortungsbewusst hielt, fragte sie mich, ob ich mal kurz ein Auge auf das *prasaad* werfen könne. Natürlich immer hilfsbereit, insbesondere in solchen Fällen, war ich damit einverstanden.

Da wir während des *darshans* viele Stunden arbeiteten und manchmal nur am späten Nachmittag Zeit zum essen hatten, waren wir öfters ziemlich hungrig. Ich öffnete schuldbewusst ein Schokobonbon und stopfte es mir in den Mund. O, wie köstlich das war, aber wie nach einem schon aufhören? Also öffnete ich noch ein oder zwei davon und steckte sie in den Mund. Plötzlich endete das Programm und Amma begann, die Halle zu verlassen. In all den Jahren, die Amma reiste, war sie kein einziges mal an den Verkaufsstand gekommen - wie dem auch sei, an diesem Tag schien es so, als hätte ich sie dazu inspiriert.

Ich erstarrte, als Amma zu mir herüber kam und mir auf die Brust klopfte. Sie sagte: „Tochter, Du siehst so dünn aus, isst Du genug?" Alles, was ich von mir geben konnte war ein: „Hmm!", währenddessen ich hoffte, dass ich nicht irgendwo mit Schokolade verschmiert war. Amma erwiderte: „Die Anderen haben alle zugenommen, nur Du schaust so dünn aus." Ich konnte immer noch nicht mehr sagen als: „Hmm", während die Schokolade langsam in meinem Mund zerschmolz. Dann lächelte Amma, klopfte mir noch einmal auf die Brust und ging davon.

Es war mir so furchtbar peinlich. Amma weiß uns immer genau dann zu erwischen, wenn wir nicht aufpassen und lässt uns wissen, dass wir nichts vor ihr verheimlichen können. Nun ja, dieser Vorfall liegt viele Jahre zurück und ich habe mich seitdem gebessert, das heißt, heute ist es ungefährlich mir ein Tablett mit Schokolade anzuvertrauen - solange es nicht vor dem Essen ist!

Bei wieder anderer Gelegenheit gab mir Amma einen kleinen Einblick in ihre Allwissenheit. Wir waren in Kuwait und fuhren nach dem Ende des Programms zusammen im Auto. Amma erlaubte einer der Töchter des Fahrers, mit uns zu fahren. Sie war ungefähr acht und schien nicht so eng mit Amma verbunden zu sein wie ihre beiden Schwestern. Sie war eher schüchtern verglichen mit ihnen. Ich hatte sie zuvor für Amma singen hören, dabei saß sie weit hinten auf der Bühne.

Amma kuschelte sich eng an sie, küsste ihre Hand und sagte: „Du hast heute Nacht für Amma gesungen. Amma hat dieses Lied vor langer Zeit auch gesungen." Dann wiederholte sie es ganz sanft: *„govinda madhava, gopala keshava, jaya nanda mukunda nanda govinda, raadhe gopala."*

Ich hatte sie beim Singen beobachtet und sah, dass Amma sich währenddessen kein einziges Mal nach ihr umgedreht hatte. Da so viele kleine Mädchen gesungen hatten, fragte ich mich, wie es ihr nur möglich war, sich an die Stimme des Mädchens als so verschieden von den anderen zu erinnern? Es war wieder eine neue kleine Facette Ammas mütterlicher und mitfühlender Liebe, die hell in die finstere Nacht hinein leuchtet.

Auf den Reisen mit Amma habe ich so viele Wünsche in Erfüllung gehen sehen. Sie hat die unglaubliche Fähigkeit, die tiefsten Sehnsüchte aller Herzen zu kennen. Während eines Programms in Santa Fe kam einmal ein *devotee* mit einem Freund zu mir, der von Geburt an gehörlos war. Als er an diesem Tag zum *darshan* gegangen war, war er erstaunt, dass er die Worte, die Amma in sein Ohr flüsterte hören konnte. Er verstand nicht, wie das möglich war. Der *devotee* und ich lächelten uns an, im Wissen darüber, dass dies nur ein weiteres Wunder Ammas Größe war.

Ein anderes Mal erzählte mir eine junge Frau aus Iowa, wie ihre Großmutter mit schrecklichen, chronischen Genickschmerzen zum *darshan* gekommen war. Sie erzählte Amma davon. Sie war erstaunt, dass ihre Genickschmerzen am Morgen nach dem *darshan* komplett verschwunden waren.

Eine indische *devotee* erzählte mir, dass sie sieben Jahre lang an grässlicher Migräne gelitten hatte und weder Reis noch Obst essen konnte. Als sie zum *darshan* ging, fütterte Amma sie mit etwas Reis. Seitdem sind ihre Kopfschmerzen und ihre Allergien völlig verschwunden und sie kann wieder normal essen. Sie hat das Gefühl, dass sie durch Ammas Gnade völlig geheilt wurde.

Amma besuchte einmal einen *devotee*, der wegen Verbrennungen im Krankenhaus lag. Als Amma ihn sah, küsste sie seine beiden Hände und Füße und gab ihm etwas *prasaad*. Später weinte er, als er einem anderen *devotee* davon erzählte, er hatte nämlich Geburtstag und es war schon lange ein großer Wunsch von ihm, dass Amma seine Hände küssen würde. Er war tief bewegt, dass sie ihm diesen Wunsch erfüllt hatte.

Auch wenn Amma auf der ganzen Welt Millionen von *devotees* hat, hat sie dennoch zu jedem einzelnen eine persönliche Beziehung. Als wir einmal in München waren, fragte Amma nach einer alten Frau, die sonst jedes Jahr zum Programm gekommen war. Sie hatte sie noch nicht gesehen und fragte jeden von uns, ob wir uns an sie erinnerten oder wüssten wo sie sei. Weder ich noch jemand von den anderen konnte sich an sie erinnern. Aber Amma bestand mit Nachdruck darauf, dass wir etwas über sie herausbekamen, da ihre Gedanken bei ihr verweilten.

Diese alte Frau erzählte ihr immer, dass sie ganz alleine auf der Welt war und niemanden außer Amma hätte. Jedes Jahr freute sie sich darauf, sie zu sehen. Amma fuhr fort, jeden von uns nach ihr zu fragen, aber niemand konnte ihr etwas über den Verbleib der alten Frau sagen. Sie sagte, es sei unser *dharma*, etwas über sie in Erfahrung zu bringen. Schließlich fanden wir heraus, dass sie einen Monat zuvor verstorben war. Auch wenn sich niemand von uns an sie erinnern konnte, hatte sie in Ammas Herz bleibende Spuren hinterlassen.

Wenn wir in verschiedenen Staaten Indiens oder im Westen reisen, wird Ammas *satsang* natürlich immer in die jeweilige Landessprache übersetzt. Es ist schon erstaunlich, Amma bei diesem Schauspiel des Zuhörens und Verbesserns der Übersetzungen zu beobachten. Ihr entgeht nicht ein einziger Fehler, den die Übersetzer machen, auch wenn sie die Sprache gar nicht versteht. Amma wurde einmal gefragt, ob sie all die verschiedenen Sprachen verstehen oder einfach nur die Gedanken der Menschen lesen kann. Sie antwortete, dass auch wenn sie die Sprachen nicht versteht, ihr Geist ihr eingibt, wenn jemand einen Übersetzungsfehler macht.

Amma besitzt wahres Wissen über alles, auch wenn sie die Schule nur bis zur vierten Klasse besucht hat. So unterhält sie sich zum Beispiel mit Nuklearwissenschaftlern und gibt ihnen Ratschläge zu verschiedenen Aspekten ihrer Arbeit. Diese Männer haben ihr ganzes Leben dem Erforschen komplizierter Themen wie Nuklearphysik, Mathematik, Relativitätstheorie und Quantenmechanik gewidmet, dennoch greift Amma schwierige Fakten heraus, die sie nie ganz beherrscht oder verstanden hatten, obwohl sie schon seit vielen Jahren auf diesem Gebiet tätig waren. Obgleich ihre offizielle Bildung nur ein paar Jahre andauerte, entsteht das Wissen sehr klar und spontan in ihr.

Was Amma in einem einzigen Moment alles gleichzeitig dirigieren kann, ist wirklich ein Wunder. Stellt euch mal nur die Szene während eines *Devi-bhava* in Indien vor, zu dem gewöhnlich 10.000 bis 15.000 Menschen zum *darshan* kommen. Zu Beginn des *darshans* ist es meine Aufgabe Amma das *prasaad* in die Hand zu geben, darum sitze ich neben ihr. Die Lautsprecher brüllen die *bhajans* so laut, dass sie vibrieren und man schreien muss, um die Musik zu übertönen. Ich muss oft kämpfen, um Amma das *prasaad* rechtzeitig in die Hand zu legen, damit sie es der jeweiligen Person geben kann. Ich habe Mühe damit nur *eine* Sache zu tun, während Amma mühelos zehn Dinge gleichzeitig tut.

Könnt ihr euch eine Warteschlange von zwanzig hungrigen Babys vorstellen, die alle darauf warten auf Ammas Schoß geschoben zu werden, um das erste Mal feste Nahrung, in Form von süßem Reis, zu bekommen? Kleine Babys mit enormen Lungenvolumen, die alle gleichzeitig schreien und weinen und sich, mit ihren winzigen Ärmchen wild um sich schlagend auf Ammas Schoß winden. Während Amma versucht, ihnen den Reis in ihre Münder zu stecken, sitzen zur gleichen Zeit die Vertreter von *AIMS* zu ihrer Linken und stellen Fragen, das Krankenhaus betreffend. Die *brahmacharis*, die für die Computer-Institute und Ingenieur-Schulen verantwortlich sind, warten auch darauf, ihre Fragen stellen zu können. Gleichzeitig hängt ein Junge über Ammas rechter Schulter und versucht ihre Aufmerksamkeit zu erhaschen: „Amme! Amme! (während er sie schubst), Amme! Amme! Ich habe da diesen leichten Schmerz in meinem linken Ellbogen. Guck mal Amma, Guck! Kannst Du ihn berühren, Amma? Amma, berühr' ihn!"

Ungefähr jede dritte Person, die zum *darshan* kommt, sagt: „*Mantra*, Amma, ich möchte ein *mantra*." Amma flüstert *mantras* in die Ohren der Leute zu ihrer Rechten und beantwortet eine nach der anderen Frage, während sie immer auch noch zu den Mädchen hinüberschaut, um die zu trösten, die weinen und sagen: „Amma schaut mich nie an, ich glaube nicht, dass sie mich noch liebt."

Der *darshan* dauert immer noch an, Tausende von Menschen pro Stunde. Ein Westler fragt: „Name Amma, ich möchte einen Namen." In der Zwischenzeit fragt der Junge, der über ihrer rechten Schulter hängt: „Amme! Amme! Kann ich Dir was zu trinken bringen, Amma? Amma, die Schmerzen sind ein bisschen weniger geworden, aber vielleicht solltest Du meinen Arm noch einmal berühren, damit sie nicht wieder kommen. Und vielleicht kannst Du auch den anderen Arm berühren, nur für alle Fälle." Amma muss über seine beiden Arme streichen, damit er sie in Ruhe lässt.

Sie tut alles gleichzeitig mit ihrer vollen Konzentration. Ich hingegen versuche, nur *eine* Sache zu tun und finde das schon schwierig.

Gegen Ende des *Devi-bhava* musste ich Amma einmal eine wichtige Frage für jemanden stellen. Sie hatte schon 15.000 Menschen nonstop *darshan* gegeben und sich die ganze Nacht nicht ausgeruht. Als der *Devi-bhava* schließlich am späten Vormittag des nächsten Tages endete, war ich aufgrund des Schlafmangels erschöpft, Amma hingegen noch bei vollen Kräften. Ich ging in ihr Zimmer und stellte ihr die Frage. Amma antwortete und wechselte dann zu anderen Themen. Sie endete damit, mir die gesamte Geschichte Indiens zu erzählen, vom Altertum bis zur Gegenwart. Sie war die perfekte Geschichtsdozentin. Sie brauchte dafür ungefähr dreißig Minuten.

Während der Unterhaltung rechnete sie sogar mathematische Aufgaben im Kopf aus. Sie sagte: „Also, 680.000 geteilt durch 28 ist 24.285 und multipliziert mit 18 ist das 437.141. Nein, nein, 437.285. Das stimmt doch, oder?" Mir drehte sich beim Versuch, ihr zu folgen, absolut alles im Kopf. Ich hätte das niemals ohne Taschenrechner ausrechnen können, aber Ammas Geist ist brillant.

Ein anderes Mal, als wir im Flugzeug saßen, wollte Amma ein paar Summen wissen. Ich hatte keinen Taschenrechner dabei, also schrieb ich alles auf und rechnete diese lange Zahlenliste dann zusammen. Ich brauchte zehn Minuten dafür und zeigte es ihr dann. Sie warf eine kurzen Blick darauf und sagte: „Ich glaube, Du hast hier einen kleinen Fehler beim Addieren gemacht", dabei deutete sie genau auf die betreffende Stelle des Blattes, das mit Zahlen übersät war.

Eines Nachts, wir waren in Santa Fe, war ich im Zimmer direkt neben Amma untergebracht. Obwohl ich oft in der Nähe von Ammas Zimmer untergebracht war, hatte ich in den letzten Jahren nicht oft die Möglichkeit in ihrem Zimmer zu schlafen, wie ich das in früheren Zeiten gelegentlich tat. Plötzlich kam mir in den Sinn, wie schön es wäre, in der Nähe von Amma zu liegen und sie zu umarmen. Der Gedanke überraschte mich, da ich normalerweise zufrieden war, mich im Hintergrund aufzuhalten und mich nicht oft, wie so viele, nach ihrer physischen Nähe sehnte. Der Gedanke zog schnell an mir vorbei und ich legte mich schlafen.

Ein paar Stunden später kam jemand, um mir zu sagen, dass Amma mich rufen würde. Ich ging zu ihr ins Zimmer und sie bat mich, ihre Beine zu massieren. Wegen der Höhe und des Klimas in New Mexiko konnte Amma dort häufig einige Nächte nicht schlafen, so wie in dieser Nacht. Ich massierte also ihre Beine, in der Hoffnung, dass es ihr helfen würde einzuschlafen. Nach einer Weile sagte sie zu mir: „Nur wenn Du Dich neben Amma legst und sie umarmst, kann Mutter einschlafen." Das überraschte mich völlig, aber ich tat es und Amma schlief schnell ein.

Obwohl es nur ein flüchtiger Wunsch von mir war, hatte ihn Amma so schnell erfüllt. Wie erst die von uns aus tiefem Herzen empfundenen Gebete, die sie so viel eher zu erfüllen weiß?

❀

Hörst Du nicht das Weinen meines gepeinigten Herzens?
Siehst Du nicht meine heißen Tränen?
Die Welt hat ihre Lieblichkeit verloren.
Ich sehne mich nur danach, den Nektar
Deiner mitfühlenden Erscheinung zu trinken.
Mein Herz ist zerrissen von dieser unerwiderten Liebe.
Ich warte hier mit zitterndem Herzen,
wohlwissend, dass ich nicht wert bin, mich Dir darzubringen.
Was kann diese erbärmliche Seele tun?
Ich ertrinke in einem Meer voller Kummer.

❀

Kapitel 15

Das Leben verwandeln

*„Selbst das Geringste, das wir um der anderen Willen tun,
kann die Gesellschaft sehr verwandeln.
Wir mögen die Veränderungen nicht sofort sehen,
aber jede positive Handlung
wird mit Sicherheit Früchte tragen.
Sogar ein Lächeln ist extrem wertvoll,
und ein Lächeln kostet uns nichts!"*

Amma

Da war einmal ein Mann, der die Welt verändern wollte. Er betete: „O Herr, bitte gib mir Kraft die Welt zu verändern." Nachdem viele Jahre vergangen waren und er älter wurde, merkte er, dass er nicht genug Kraft hatte, dies zu tun. Er war nicht mehr jung und rebellisch, so begann zu beten: „O Herr, gib mir die Kraft, meine Verwandten zu ändern." Aber sie waren viel jünger und vitaler als er und nicht daran interessiert, sich zu ändern." Schließlich begann er zu beten: „Gib mir die Kraft mich selbst zu ändern." Erst dann war er zufrieden. Wenn wir uns selbst verändern, wird alles andere folgen.

Alle großen spirituellen Meister sagen, dass Glück nicht in der äußeren Welt gefunden werden kann, sondern in uns selbst liegt. Ein *mahaatma* kommt nicht, um die Welt zu verändern, sondern um uns zu inspirieren, Veränderung in uns selbst zu bewirken. Sie nehmen uns diese Arbeit nicht ab, sondern sind Katalysator und treibende Kraft für uns, dies zu tun.

Wir können versuchen, alle äußeren Umstände in unserem Leben zu ändern, um spiritueller zu sein. Wir können unseren Namen und unsere Essensgewohnheiten ändern, in ein fremdes Land ziehen oder einen Nasenring tragen, so wie Amma. All diese äußeren Umstände können wir ändern, wenn aber unser Gemüt das Gleiche bleibt, werden uns unsere Probleme nachfolgen, wo auch immer wir hingehen. Unsere Ängste und Sorgen werden die Gleichen bleiben. Äußere Umstände können geändert werden, aber nur eine große Meisterin wie Amma kann Ängste und Sorgen aus unserem Leben entfernen, indem sie unsere Herzen verändert. Indem sie uns hilft, die Wahrheit unserer göttlichen Natur zu erkennen, verändert sie uns von innen heraus.

Eine *devotee* erzählte mir, dass sie aufgehört hatte, neue Saris zu kaufen, nachdem sie Amma begegnet war. Das Geld, das sie dadurch einsparte, gab sie Amma, damit es den Armen zugute käme. Amma hatte sie dazu inspiriert, ein einfacheres Leben zu führen.

Eine Frau aus Mysore machte die Erfahrung, dass sich ihr Leben bedeutend verbesserte, nachdem sie die *IAM* (*Integrated Amrita Meditation Technique*®) gelernt hatte. Sie war verwitwet, hatte drei Kinder und arbeitete zwölf Stunden am Tag sehr hart als Putzfrau in Ammas Schule. Sie litt an heftigen körperlichen Beschwerden wie z.B. Asthma und Erschöpfung, bevor sie die Technik erlernte. Seit sie die *IAM*® regelmäßig praktiziert, sind all diese Symptome verschwunden. Sie sagt, dass sie sich der Probleme, die sie im Leben hat, immer noch bewusst ist, aber sie schenkt ihnen keine Aufmerksamkeit mehr und macht sich deswegen nicht mehr so viele Sorgen. Heute übergibt sie all ihre Probleme Amma und ihr Leben ist friedlich geworden.

Die meisten Menschen in der Welt sind so unglücklich. Junge Menschen wachsen auf, ohne zu wissen, wonach sie ihr Leben ausrichten sollen, um Frieden und Zufriedenheit zu finden. Die Kinder hingegen, die mit Amma aufwachsen, lernen von Beginn an, gute Eigenschaften zu entwickeln. Wie zum Beispiel ein kleiner französischer Junge, der mit seiner Mutter an einer Tour in Indien teilnahm. Mit sieben Jahren las er für gewöhnlich in einem Buch oder vergnügte sich sonst irgendwie. Ich war erstaunt, ihn während eines Programms in Mysore, draußen in der Menge zu sehen, wie er zufrieden Wasser an die *devotees* verteilte. Er trug ein Glas und einen wassergefüllten Krug, stieg fröhlich die Treppen herunter und bot den durstigen *devotees* Wasser an, genauso wie die anderen Erwachsenen, die sich für diesen *seva* gemeldet hatten. Unter dem Einfluss der Nähe Ammas und der *devotees* begann sich der Wunsch anderen zu dienen, in seinem jungen Gemüt zu entwickeln.

Viele Menschen, die zu Amma kommen, haben nie verstanden, worum es im Leben geht oder warum sie leben. Durch den Kontakt mit Amma haben ihre Werte und Wünsche neue Formen angenommen und ihr Leben ist dadurch sinnvoller und glücklicher geworden.

Während eines Programms in München, welches damals in der Nähe des Hofbräuhauses stattfand, stolperte einmal ein Mann herein, der zufällig dort vorbeikam. Er verstand nicht ganz, was da vor sich ging, und am Ende des Programms, als Amma ihm auf ihrem Weg nach draußen *darshan* gab, war sie ausgesprochen charmant zu ihm. Am nächsten Abend kam er wieder, gepflegt und nüchtern, begierig, noch eine Dosis Ammas göttlicher Liebe zu schlucken, ein viel stärkeres Gebräu, als alles, was er jemals probiert hatte. Heute verpasst er kein einziges von Ammas Programmen in Deutschland und manchmal kommt er für einige Monate in den *ashram* nach Indien.

Manche empfinden die Reise zu Amma nach Indien als sehr hart. Das Klima, die Hitze, das Essen und die Menschenmassen sind eine große Belastung für ihre Körper und die unvertraute Sprache, die Gewohnheiten und Bräuche sind schwer für sie zu verstehen. Aber für eine weitere Portion von Ammas bedingungsloser Liebe sind sie gewillt jede Unannehmlichkeit zu ertragen

Ein Italiener, schon in den Achtzigern, kam viele Jahre lang mit auf die Nord-Indien-Tour, er sagte, sie waren für ihn sehr belebend. Trotz der äußerst strapaziösen Busreisen und den langen Programmen sagte er, dass er durch diese Reisen Kraft gewann. Einige jüngere fanden es viel anstrengender als er. Er war den Situationen, denen er auf der Tour begegnete so ergeben, dass es ihm möglich war, unter fast allen Umständen Freude und Begeisterung aufzubringen.

Manche missverstehen die Bedeutung von Ergebenheit auf dem spirituellen Weg. Sie denken, dass sie Schwäche impliziert durch blinden Gehorsam gegenüber Befehlen oder Gesetzen. Aber niemand versucht, Sklaven aus uns zu machen. Tatsache aber ist, dass wir ohnehin schon Sklaven unserer Anhaftungen sind, die uns großen Kummer bereiten. Wenn wir lernen, wie wir unseren Anhaftungen aufgeben können, wird uns Amma jeden Schritt auf dem Weg zur Freiheit führen. Für viele ist der erste Schritt, die Kunst zu erlernen loszulassen, unseren egoistischen Griff auf das Leben zu lösen, um allmählich unsere Anhaftungen und Erwartungen loszulassen. Um unsere Selbstsucht, die uns bindet und versklavt zu zerstören, müssen wir uns bemühen, Liebe und Mitgefühl zu entwickeln, Eigenschaften, die Amma verkörpert. Sie versucht uns zu zeigen, wie wir uns wirklich befreien können. Es ist sehr schwierig für uns, dies alleine zu tun, aber durch Ammas Gnade ist alles möglich.

Wenn wir gewöhnlichen Menschen uns gegenseitig anschauen, tendieren wir dazu, nur die Hässlichkeit des *Egos* im anderen zu sehen. Große Heilige aber wie Amma sehen nur den göttlichen Kern in uns. Sie sehen die Reinheit und den Glanz unserer Seelen, die Perfektion und das göttliche Potential, das unberührt in uns liegt. Wir dagegen schauen uns an und erkennen nur Steine, Amma dagegen sieht uns als kleine Diamanten. So wie Diamanten poliert werden müssen, um die scharfen Kanten abzuschleifen, müssen auch wir uns einer Politur unterziehen.

Ammas Aufgabe ist es, diesen Prozess zu Ende zu bringen. Sie sagt, dass sie eigentlich gar nichts mit uns machen muss. Sie steckt uns nur alle zusammen und der Prozess beginnt automatisch. Es scheint so, als hätten wir alle unsere kleinen Eigenarten, durch die Reibung entsteht und das ist alles, was es braucht, um die scharfen Kanten abzuschleifen. Alles, was Amma tun muss, ist den Knopf zu drücken, um den Prozess in Gang zu setzen - und Amma weiß genau, wie sie unsere Knöpfe zu drücken hat!

Oft sind wir nicht in der Lage, Veränderungen bei uns zu sehen, aber andere können den Unterschied sehr wohl wahrnehmen. Wenn wir am Strand entlang gehen und zurückschauen, merken wir vielleicht nicht, wie weit wir schon gegangen sind, bevor wir das Ende erreichen. Wenn wir dann zurückschauen, können wir fast nicht glauben, wie weit wir gelaufen sind. Wir sollten uns also bemühen uns zu ändern, auch wenn wir nicht sofort erkennen, was wir durch die Anstrengungen gewonnen haben.

Es gibt immer wieder Menschen, deren Leben sich unmittelbar, nachdem sie Amma begegnen, verändert. Andere *devotees* hingegen denken mit der Zeit allmählich darüber nach, auf Dinge zu verzichten, denen sie in der Welt anhaften. Manche kehren nach einem Aufenthalt im *ashram* nach Hause zurück und merken, dass die Dinge sie nicht mehr ausfüllen, die das bisher getan hatten. Vielleicht hören sie auf, ins Kino zu gehen oder Alkohol

zu trinken. Sie pflegen einen besseren Umgang und verbringen mehr Zeit mit anderen *devotees* und *satsang*.

Für viele ist es Ammas *darshan*, der sie tief bewegt und der einen Prozess der Veränderung einleitet. Eine Frau beschrieb einmal, dass sie mit der Zeit bemerkte, dass sie mit sich selbst mehr im Einklang ist und einfacher Kontakt bekommt zu anderen Menschen. Allmählich wendete sie sich mehr dem Dienst an anderen zu und bemerkte, dass sie sich, abgesehen von Ammas *darshan*, im selbstlosen Dienen Gott am nahesten fühlen kann. Auch wenn es schrittweise Veränderungen waren, spürt sie, dass es für sie nur einen Weg gibt, nämlich den eines spirituelleren Lebens.

Dieser allmähliche Prozess der spirituellen Entfaltung ist beständiger als plötzliche Veränderung. Wer zu schnelle Fortschritte macht, tendiert dazu in alte Gewohnheiten zurückzufallen, weil die *vaasanas* zu tief sitzen und es zu schwierig ist, alle auf einmal loszuwerden. Ein Schakal mag sich vornehmen, nie wieder den Mond anzuheulen und vielleicht schafft er es auch einen Monat lang - bis zum nächsten Vollmond!

Tausende sind zu Amma gekommen, haben ihre göttliche Liebe erfahren und eine völlig neue Lebensanschauung entwickelt. Ihre Leben sind wirklich verwandelt worden. In dem Dorf, in dem Amma aufwuchs, waren in den Anfangsjahren zahlreiche Dorfbewohner gegen den *ashram* eingestellt, die heute jedoch überzeugte Anhänger sind. Selbst Ammas Schwager waren anfänglich gegen den *ashram*. Indem sie aber ihre Schwestern geheiratet haben, haben sie sich zu Ammas glühendsten Verehrern entwickelt.

Eine Schweizerin hatte ein sehr bewegendes Erlebnis mit Amma. Sie litt an schweren Depressionen und war seit kurzem in der Psychiatrie. Im darauffolgenden Jahr begegnete sie Amma, hatte eine lange Liste mit Fragen dabei und hoffte, sie würde ihr die Krankheit abnehmen. Amma antwortete nur, dass sie zehn

Minuten am Tag meditieren solle. Die Frau fühlte sich nicht stark genug, das zu tun. Drei Monate später konnte sie das Krankenhaus verlassen, allerdings ohne große Hoffnung, ihre Krankheit zu besiegen.

Auch wenn es für sie klar war, dass Amma eine *mahaatma* war, hatte sie das Gefühl, dass selbst sie ihr nicht dabei helfen konnte die schreckliche Depression zu überwinden. Sie fühlte sich verdammt zu dieser Krankheit, gefangen darin, wie in einem Gefängnis, aus dem es kein Entkommen gab. Ihre Schwester fragte Amma einmal, was sie tun könne, um ihr zu helfen. Sie antwortete: „Sag Deiner Schwester, dass sie unter Ammas Schutz steht."

Selbst mit dieser Krankheit half sie ihrer neunzigjährigen Mutter beim Laminieren von Fotos und Aufklebern, die wir für den Verkauf an unseren Buchständen machen ließen. Allmählich begann sie etwas Zufriedenheit zu verspüren, weil sie anderen durch diesen selbstlosen Dienst helfen konnte.

Als Amma diese Stadt im folgenden Jahr wieder besuchte, begleitete sie Amma auf einem Rundgang auf dem Grundstück ihrer Schwester, wo Amma übernachtete. Während des Spaziergangs setzte sich Amma auf eine schmale, hölzerne Brücke, um zu meditieren und die Frau setzte sich zusammen mit den Anderen an das Flussufer. Als sie dem plätschernden Geräusch des Wassers lauschte, fühlte sie auf einmal, wie die schwere Last, die auf ihren Schultern ruhte, mit dem Wasser davon floss. In der folgenden Nacht, als Amma von der Veranstaltungshalle zurückkam, erlebte sie eine andere große Offenbarung. Amma ging auf der Treppe an ihr vorbei und berührte ihre Hand. Durch diese körperliche Berührung erlebte sie in Bruchteilen einer Sekunde, dass Amma *die reine Wahrheit ist.* Tief im Innern spürte sie, dass sie von Gott akzeptiert und nicht verdammt war, wie sie das immer geglaubt hatte.

Sie fühlte, dass Mutter von innen heraus an ihr gearbeitet hatte. Vielleicht waren es die selbstlosen Dienste, welche die Gnade gebracht hatten, Heilung zu bewirken. Durch Ammas Gnade war es ihr möglich, die Antidepressiva abzusetzen. Sie ist überzeugt davon, dass Ammas *IAM®*-Meditation ihr hilft, das seelische Gleichgewicht beizubehalten. Sie ist befreit worden von der schweren Depression, die so viele Jahre ihres Lebens mit Dunkelheit gefüllt hatte. Es ist, als hätte sie eine zweite Chance in ihrem Leben bekommen.

Wenn wir in Ammas Gegenwart kommen und anfangen, uns nach dem Einssein mit ihr zu sehnen, beginnt alles in uns, was nicht in Harmonie mit der göttlichen Liebe und völliger Reinheit ist, ganz natürlich aufzutauchen. Dann kann es entweder zerstört oder zum besseren verändert werden. Erst, wenn wir unsere Schwächen wahrnehmen, können wir bewusst beginnen, sie zu verwandeln.

Amma hat allen einen Neuanfang geschenkt. Mit dem neugewonnenem Verständnis davon, was das eigentliche Ziel des Lebens sein sollte, hat Amma uns durch die Macht ihrer Liebe den Anstoß gegeben, ein sinnvolles Leben zu führen, wo auch immer wir uns in der Welt befinden. Sie opfert ihr eigenes Leben für uns, als perfektes Beispiel guter Eigenschaften, dem nachzustreben wir uns bemühen sollten. Amma inspiriert viele Millionen auf der ganzen Welt, der Menschheit zu helfen, sie zu lieben und ihr zu dienen.

Die Veränderungen, die in den Menschen vorgehen, sind wie eine Raupe, die ihren Kokon spinnt - Sie bleibt eine Zeit lang eingeschlossen, um dann durch ihre Schale zu brechen und als farbenfroher Schmetterling seine Schönheit und sein Wunder in der Welt zu verbreiten. Amma verwandelt ihre Kinder in solch wundervolle Schmetterlinge. Der Kokon aus Ammas Liebe, der um jeden einzelnen von uns gesponnen ist, nährt uns und erschafft eine wundersame Verwandlung. Dann werden wir in Freiheit in die Welt entlassen, um die Schönheit ihrer Schöpfung zu mehren.

Könnt ihr euch die Freude auf Ammas Gesicht vorstellen, wenn sie ihre Schmetterlinge um sich herumflattern sieht, ihr weißer Sari sanft im Wind wehend? Mit einem Lächeln und Lachen sonnt sie sich in der Freude, solch schöne Schmetterlinge geschaffen zu haben, damit sie den Kummer der Welt vertreiben und ihrer Schöpfung noch einen herrlichen Farbtupfer hinzufügen.

Wie es mich verlangt Deine prachtvolle Gestalt zu erblicken,
aber nach nur einem Blick auf Dich
müssen sich meine unreinen Augen senken.
Deine Lotusaugen,
mit Liebe und Mitleid gefüllt,
erweichen mein böses Herz.
Mein Traum von Dir
ist alles, an dem ich mich festhalten kann,
so nah,
und doch so fern.

Kapitel 16

Die Wiederaufrichtung von Körper, Geist und Seele

„In allen scheinbar negativen Erfahrungen, die wir durchleben,
ist immer ist eine verborgene göttliche Botschaft enthalten.
Wir müssen einfach die Oberfläche einer Situation durchdringen
und die Botschaft wird uns enthüllt.
Für gewöhnlich aber bleiben wir an der äußeren Oberfläche.“
Amma

Sie haben ihn schwarzen Sonntag genannt, den Tag nach Weihnachten 2004, als der Tsunami Süd-Ost-Asien und Indien erschütterte. Leben wurden verändert. Sie werden nie wieder dieselben sein. Man kann zerbrochene Häuser wieder aufrichten, wie aber richtet man zerbrochene Leben wieder auf? Wer hilflos zuschauen musste, wie Leben direkt vor seinen Augen ausgelöscht wurde, wer kann da derselbe bleiben?

Tausende von Menschen in den Dörfern entlang der Küste haben ihr Leben verloren. Unzählige mehr ihr Zuhause, tatsächlich haben sie alles in den reißenden Flutwellen verloren, welche die Ufer erschütterten. Die meisten Menschen, die in der Nähe des *ashrams* leben, hatten vorher schon wenig zum Leben, jetzt hatten sie gar nicht mehr. Viele Eltern aus dem Dorf haben ihre Kinder verloren. Obwohl sie mit allen Kräften versuchten festzuhalten, als das Meer ins Land strömte, waren die Wassermassen zu stark und trieben ihre Kinder davon. Wie soll man sich wieder dem Leben zuwenden, wenn einem das eigene Kind aus den Armen gerissen wurde?

Wir haben Geschichten gehört von Menschen, die hilflos zugeschaut haben, wie ein oder mehrere ihrer Familienmitglieder ertranken. Ein Mann hatte seinen Vater festgehalten, verlor aber den Halt und musste mit ansehen, wie er vor seinen Augen ertrank. Er wird nicht mehr derselbe sein. Einige Frauen klagen darüber, dass sie nachts nicht schlafen können, weil sich das Geschehen ständig in ihren Köpfen wiederholt und ihnen schreckliche Kopfschmerzen verursacht, sobald sie sich schlafen legen. Es gibt so viele Geschichten über Verluste, die einem das Herz brechen können. Die gesamte Bevölkerung trauerte über das weitgestreute Leid, nicht nur in Indien, sondern auch in anderen Ländern.

Amma hatte während der Tour im Sommer 2003 davor gewarnt, dass es 2005 weltweit große Katastrophen geben könnte. Aber sie sagte auch, dass wir nichts dagegen tun könnten, außer zu beten.

Der *ashram*-Astrologe hatte mir gegenüber genau am Tag zuvor erwähnt, dass der 26ste Dezember der Beginn eines sehr schlechten Zeitabschnitts wäre. Niemand von uns hatte eine Ahnung, was für eine Untertreibung das sein würde. Auch während des Morgenprogramms am Tag des Tsunami hatte Amma das unheilvolle Gefühl, dass etwas Bedrohliches passieren würde. Sie versuchte den *darshan* rasend schnell zu beenden. Ein *brahmachari* berichtete ihr von dem seltsamen Phänomen, dass das Meer zurückgegangen sei. Amma wusste, dass das, was verschwunden war, wieder zurückkommen musste, darum ordnete sie an, dass alle Fahrzeuge von der Küstenseite auf das Festland gebracht werden sollten. Es waren viele *ashram*- Fahrzeuge, Busse und Autos der *devotees*, ungefähr 200, die aufgrund von Ammas

Vorwarnung alle in Sicherheit gebracht werden konnten. Amma hatte auch angeordnet, dass alles, was sich im Erdgeschoss des *aayurveda*-Gebäudes befand, welches direkt am Strand steht, in höhere Stockwerke gebracht werden sollte.

Von dem Moment an, da Amma über das ansteigende Wasser, direkt vor den *ashram*-Mauern informiert wurde, begann sie Anweisungen zu geben, wie mit der möglichen Gefahr umzugehen sei. Sie sagte, dass der Strom abgeschaltet werden solle und die nahegelegene Stadt darüber informiert werden müsse, dass sie die Transformatoren, welche die gesamte Insel mit Elektrizität versorgen, abschalten sollen, um uns alle vor einem tödlichen Stromschlag zu bewahren.

Bald darauf fegten die Wassermassen sintflutartig durch den *ashram*, sie erreichten mindestens Hüfthöhe, an manchen Stellen sogar noch mehr. Als der Wasserstand zurückzugehen begann, watete Amma durch die trübe Überschwemmung. Sie verschaffte sich einen Überblick über die Lage und begann dann die Beaufsichtigung der Evakuierung von Besuchern, Bewohnern und der örtlichen Bevölkerung zu übernehmen, die im *ashram* Schutz gesucht hatten.

Das *AICT (Amrita Institute of Computer Technology)* und die *Amrita Engineering School* auf der anderen Seite der Backwaters boten Tausenden von Menschen Schutz, von denen viele ihr Zuhause verloren hatten. Die neuerrichtete *aayurveda*-Schule wurde zur Notunterkunft für die Dorfbewohner, die ein Familienmitglied vermissten und gleichzeitig zum Krankenhaus für die Kranken und Verletzen. Kurz gesagt, alle Schulen von Amma wurden zu Notunterkünften. Sie kümmerte sich um die Essensverteilung an die Tausende von Betroffenen und organisierte die Verteilung von Kleidung an die Dorfbewohner, die alles verloren hatten. Sie besuchte die örtlichen *devotees*, um sie in dieser Zeit des unwiederbringlichen Verlusts zu beruhigen und zu trösten.

Nach der Flut versicherte sich Amma auf jedem Schritt der Sicherheit und des Schutzes ihrer Kinder, einschließlich der ihrer Tierkinder. Als alle aus dem *ashram* evakuiert waren, erklärte Amma entschieden, dass sie nicht eher gehen würde, bis die Elefanten und Kühe zuerst herausgeführt worden waren. Aus Angst, dass das Wasser wieder steigen könnte, wollte sie sicher gehen, dass die Tiere im Tempel in Sicherheit waren, in dem es ein bisschen wie in der Arche Noah auszusehen begann! Erst später am Abend, nach Mitternacht, als die Kühe sicher im Tempel untergebracht und die Elefanten anderthalb Stunden vom *ashram* die Halbinsel hinunter und um das Festland herum gebracht worden waren, ging Amma.

Als Amma die andere Seite der Backwaters erreichte bemerkten wir, dass ihre Lippen trocken waren. Sie hatte den ganzen Tag keinen einzigen Tropfen Wasser getrunken. Wie konnte sie trinken, wenn so viele gestorben waren? In den Tagen nach der Katastrophe ging Amma barfuss. Sie hatte es abgelehnt Sandalen zu tragen, seit sie den *ashram* verlassen und die Backwaters überquert hatte, selbst, als sie im Gelände und bei den Not-Camps in den Instituten Besuche machte. Es war, als hätte sie den Entschluss gefasst, keine Schuhe zu tragen, während so viele Menschen litten.

Bis zum frühen Morgen der Flutnacht erzählte Amma all den besorgten *devotees,* die im *ashram* anriefen, die Geschichte des Tsunami immer wieder, ohne zu ermüden. Eine *brahmacharini,* die in einer Zweigschule des *ashrams* in einem anderen Bundesstaat lebt, sagte, dass sie erst wieder zur Ruhe kam, nachdem Amma alle Details und Ereignisse des Tages erzählt hatte. Amma wusste das, weswegen sie sich die Mühe machte, alle, die sich Sorgen um uns machten, zu beruhigen. Selbst über das Telephon versuchte Amma, andere zu trösten.

Dass die *devotees* Ammas Lehren von Nichtanhaftung und Verzicht verstanden hatten, zeigte sich während der

Notevakuierung. Zu dem Zeitpunkt hatten die meisten Besucher und Bewohner nichts bei sich als die Kleidung, die sie an diesem Tag trugen. Keine Matte, um sich hinzulegen, keinen Schal, um sich in der Nacht zuzudecken, nicht einmal eine Zahnbürste. Aber sie fanden, dass sie gut auskommen können, ohne umgeben zu sein von ihrem alltäglichen, persönlichen Besitz. Indem sie voll Trauer an die dachten, die alles verloren hatten, war es für sie einfacher, dankbar zu sein für die Kleider auf ihrem Leib und einen trockenen, sicheren Platz zum schlafen.

Menschen auf der ganzen Welt öffneten ihre Herzen und reagierten auf das Leid, von dem so viele betroffen waren. Ammas Körper, Geist und Seele litten mit diesen Menschen. Sie konnte ihnen nicht nur finanzielle und materielle Hilfe bieten, sondern auch ihren Herzen und Seelen Trost spenden. Amma bat alle an den Gebeten teilzunehmen, sowohl für die Lebenden, als auch für diejenigen, die in diesem tragischen Moment aus ihren Leben gerissen wurden.

Eine Frau aus Chennai erzählte uns eine Geschichte. Sie sagte, dass sie im Fernsehen eine arme Frau und ihren Sohn gesehen hatte, die hungrig waren und auf die Essensverteilung warteten. Als der Lastwagen endlich kam wurden Essenspakete verteilt. An ihrem Gesichtsausdruck konnte man erkennen, dass der Inhalt verdorben sein musste. Obwohl sie extrem hungrig waren, konnten sie, nachdem sie daran gerochen hatten, nichts davon essen und die beiden legten das Paket wiederstrebend unter einen Baum - selbst ein Hund, der kurz darauf vorbei kam, fraß nichts davon. Es passiert oft, dass Essen verdirbt, wenn es verpackt wird, bevor es abgekühlt ist.

Hilfsorganisationen versuchten zu helfen, aber unglücklicherweise waren sie nicht unter der Aufsicht von jemandem wie Amma, die sich liebevoll versicherte, dass das Essen den Menschen nicht in Paketen, sondern in riesigen Töpfen frisch und dampfend direkt aus der Küche serviert wurde. Sie wusste wie traurig die Menschen waren, deshalb gab sie sich besonders Mühe, die bestimmten Sorten Reis und Gemüse zu kochen, die sie mochten.

Nur Amma kennt die kummervollen Herzen der Menschen wirklich. Auch wenn wir oft nach Worten suchen, um jemanden zu trösten, kann es sein, dass sie keine tiefe Wirkung auf sie haben. Eine einzige mitfühlende Berührung von Amma aber, auch wenn sie dabei schweigt und vielleicht eine stille Träne vergießt, während sie die Menschen einfach festhält, genügt, um einen Teil ihrer Sorgen zu verbannen.

Amma war so verzweifelt über die Situation der Menschen, die gar nichts mehr hatten, dass sie in einer der Nächte stundenlang Unterröcke für die Dorfbewohnerinnen nähte. In der Zwischenzeit hat sie Nähmaschinen gespendet und den Frauen eine Schneiderausbildung angeboten, damit diese in Zukunft wenigstens etwas haben, womit sie ihren Lebensunterhalt bestreiten können.

Auch wenn der *ashram* keinen baulichen Schaden erlitten hat, flossen doch fauliges Wasser und Schlamm durch alle Büros im Erdgeschoss und durch die Lagerräume. Alle arbeiteten mit großer Liebe, Begeisterung und Hingabe zusammen, um aus den Trümmern zu bergen, was möglich war. Wir putzten jeden Winkel und arbeiteten hart und waren glücklich darüber, in dieser Notlage helfen zu können.

Alle *ashram*-Bewohner und auch Besucher halfen mit bei den Hilfsaktionen für die Dorfbewohner. Ein älterer Deutscher, der ständig in der Küche arbeitete, sagte: „Mein einziges Gebet ist: Gib mir die Fähigkeit, immer etwas für andere tun zu können. Ich bin nur traurig, dass ich jetzt ein alter Mann bin und so viel mehr hätte helfen können, wenn ich jünger gewesen wäre." Indische *devotees* schickten ganze Lastwagen voller Kleidung für die Dorfbewohner, deren Zuhause zerstört worden war. Tagelang arbeiteten die Frauen zusammen, sortierten und falteten die Kleiderberge.

In nur vier Tagen, während beschlossen wurde, die Tsunami-Flüchtlinge umzusiedeln, waren die provisorischen Unterkünfte fast fertiggestellt. Die *ashram*-Bewohner und andere Helfer arbeiteten Tag und Nacht, um die Unterkünfte für die Bedürftigen so schnell wie möglich fertigzubekommen. Der *brahmachari*, der für diese Arbeiten verantwortlich war, arbeitete unermüdlich. Amma rief ihn auch die Nacht hindurch alle zwei Stunden an, um sich über das Vorankommen der Bauarbeiten zu informieren. Er war permanent dort und verzichtete tagelang auf Schlaf, um den Bau der Gebäude, die so dringend benötigt wurden, abzuschließen. In nur fünf Tagen wurden vom *ashram* neun Unterkünfte gebaut.

Es ist schwierig, die Liebe, mit der Ammas *devotees* arbeiten, zu beschreiben. Die Haltung, mit der sie ihre Handlungen ausführen, ist etwas, was nur ein anderer *devotee* wirklich verstehen kann. Menschen, die nur nach materiellen Vergnügungen streben, werden die Art der Liebe, mit der diese Freiwilligen arbeiten, nie kennen lernen.

Noch monatelang nach dem Tsunami verteilte Amma an fast 27.000 Menschen täglich drei Mahlzeiten, sowohl in Kerala wie auch in Tamil Nadu. Sie bestand darauf, dass die Flüchtlinge zuerst essen sollten und danach erst die *ashram*-Bewohner, ganz im Geiste der Regel, dass die anderen Vorrang haben.

Obwohl die Küstenbewohner Keralas nie wieder die gleichen sein werden, erfahren sie die Gnade, dass Amma in ihrer Nähe ist, die über sie wacht und ihnen hilft, wo immer sie kann. Als Amma von einem Reporter gefragt wurde, wie sie der Tsunami-Hilfe in Süd-Indien 23 Millionen US-Dollar zusagen konnte, antwortete sie: „Die *ashram*-Bewohner arbeiten freiwillig und unentgeltlich Tag und Nacht. Sie erledigen alle Fahrten, die Konstruktionen und bedienen die Baumaschinen. Es gibt keine

Auftragnehmer. Das ganze Baumaterial - die Backsteine, Fenster, Türen und Möbel - werden von unseren *brahmacharis* hergestellt. Alle elektrischen, baulichen sowie die Installations-Arbeiten werden von uns ausgeführt. Diese Art von Arbeit ist für uns nichts Neues. Seit Jahren stellen wir Häuser für die Mittellosen bereit, in vierundsiebzig Gegenden in ganz Indien."

Sie fuhr fort, dass es ihr nur aufgrund der selbstlosen Arbeit der *devotees* möglich war, so vieles zu erreichen. Amma verkündet nicht, dass sie irgendetwas alleine tut. Das hat sie nie getan. Von Anfang an, mit dem ersten Wunder, das sie bewirkte, erklärte sie, dass es durch die Hände anderer getan wurde. So groß ist ihre Demut.

Nach der Flut kamen einige Männer aus Gujarat, um uns mit den Arbeiten zu helfen. Sie hatten Reis und unzählige andere Gegenstände für die Dorfbewohner gesammelt, aber dann betrübt feststellen müssen, dass der Transport mit einem LKW nach Kerala mehr gekostst hätte, als die Spenden wert waren. Sie spendeten die Güter dann in Ammas Namen der örtlichen Verwaltung und beschlossen in den *ashram* zu reisen, um vor Ort zu helfen. Sie sagten zu Amma: „Du warst für uns da, als wir Hilfe brauchten, jetzt, wo Ammas Dorf zerstört worden ist, wollen wir Euch helfen, es wieder aufzubauen." Amma war sehr gerührt von ihrer aufrichtigen Geste und schickte sie zu der Baustelle, um beim Aufbau der provisorischen Unterkünfte zu helfen.

Zur Zeit des Tsunami waren über 15.000 Menschen im *ashram* direkt an der Küste versammelt. Aber durch Ammas Gnade wurde nicht ein Einziger davon verletzt. Obwohl im Tsunami Hunderttausende von Menschen umkamen, überlebten doch auch viele und ihre Geschichten enthüllen, dass es Gnade alleine war, durch die sie gerettet wurden.

Eine britische Schülerin war in Thailand mit ihren Eltern in Ferien und rettete dort Hunderte von Leben. Sie hatte vor kurzem im Unterricht das Phänomen Tsunami durchgenommen, so erkannte sie, als sie sah, dass das Meer sich zurückzog, dass sie nur ungefähr zehn Minuten hatten, bevor eine gigantische Welle die Küste überschwemmen würde. Sie informierte ihre Mutter davon und das gesamte Gebiet wurde evakuiert. Zahllose Leben wurden so von einem kleinen Mädchen gerettet.

Ein fünfjähriger indonesischer Junge war zu Hause und spielte, als der Tsunami kam und ihn weit aufs Meer hinausspülte. Er überlebte zwei Tage lang auf einer Matratze treibend. Er sagte, er hätte keine Angst gehabt, weil er es gewöhnt war, im Wasser zu spielen, obwohl ihm ziemlich kalt war. Er wurde schließlich von Fischern gerettet, aber tatsächlich war es Gnade allein, die ihn gerettet hat.

Ein Mann von den Nicobaren wurde von den gewaltigen Wassermassen hinaus ins Meer gezogen. Als er zurück an Land gespült wurde, bemerkte er, dass er der Einzige der Insel war, der überlebt hatte. Fünfundzwanzig Tage lang ernährte er sich von Kokosnüssen, bis die Armee ihn rettete. Bewohner anderer Inseln überlebten auf gleiche Weise fünfundvierzig Tage lang.

Nichts geschieht zufällig. Wenn sich Naturkatastrophen ereignen oder Ereignisse wie das Einstürzen des World Trade Centers ist es die Bestimmung der Menschen, die sich an diesem Ort zu dieser Zeit aufhalten, ihrem *karma* gemäß, den Körper zu verlassen. Der Körper vergeht, aber der *aatman* bleibt, unzerstörbar.

Ein Reporter fragte Amma, ob der Tsunami eine Botschaft von Mutter Natur war. Sie antwortete, dass die Natur uns sagt, dass wir sie nicht ausbeuten sollten. Trotzdem tun bald nach einer Tragödie alle wieder so, als würden sie schlafen, was zeigt, dass wir nichts aus dieser Lektion gelernt haben. Das ist der Grund, warum vielleicht noch mehr Schlimmes passieren wird, weil wir nicht verstehen, was Mutter Natur versucht uns zu lehren.

Amma sagt: „Was auch immer wir heute erleben, es ist das Resultat unserer vergangenen Handlungen. Indem wir heute richtig handeln, können wir den Weg für ein besseres morgen ebnen. Es macht keinen Sinn, über die Vergangenheit zu brüten. Stattdessen können wir versuchen, den Schmerz derer zu teilen, die zurückgelassen wurden. Wir müssen das Licht der Liebe in unseren Herzen entzünden und unsere helfenden Hände all denen entgegenstrecken, die leiden."

Dieser kleine Fisch schwamm einst im Meer der Täuschung.
Sorgenwellen tobten ohn' Ende
im tiefen, dunklen Gewässer.
Du aber gabst mir Schutz
inmitten der stürmenden See-
eine Höhle, die Du bewohnst,
in die kein Kummer Einlass findet.
Heimat für uns einsame, verlorene Seelen.
Voll Freude suchte ich Zuflucht bei Dir.
Du nahmst mich auf, voll liebendem Mitgefühl.
Ich suche nicht länger zu schwimmen im Meer der Täuschung,
da ich um die ruhige, süße Zuflucht weiß,
die in Dir immerzu auf uns wartet.

Kapitel 17

✾

Die innere Quelle der Kraft erschließen

„Liebe und Schönheit sind in Dir.
Versuche ihnen durch Deine Handlungen Ausdruck zu geben
und Du wirst mit Sicherheit die Quelle der Glückseligkeit berühren.“
Amma

Vor ungefähr fünfzehn Jahren geschah etwas, an das ich mich mit Sicherheit immer erinnern werde. Ein paar von uns saßen mit Amma in einem Raum, als sie sich plötzlich umdrehte und begann einige Zeilen eines Lieds zu singen. Einige der *brahmacharis* schauten sich um, um zu sehen, zu wem Amma sang. Da die Hälfte von ihnen lächelte, die andere Hälfte aber traurig dreinblickte, war ich neugierig zu erfahren, was die Worte denn bedeuteten, also fragte ich jemanden.

Grob übersetzt waren die Worte: „Weil Du als Frau geboren wurdest, ist es Dein Schicksal zu weinen.“ Ich habe das nie vergessen. Es war das Schicksal aller Frauen, durch die ganze Geschichte hindurch, von Anbeginn der Schöpfung, zu leiden, entweder durch die Hand anderer oder auf Grund ihres eigenen Gemütszustandes. Amma kennt die Schmerzen und Qualen, die

Frauen zu ertragen hatten, nur zu gut. Sie hat entschieden, dass es für Frauen seit undenklichen Zeiten genug Leid gegeben hatte. Um dieses Leid zu überwinden, müssen wir die Stärke finden, die unserem spirituellen Selbst innewohnt, welche uns erlaubt, unsere göttliche Natur vollständig zu leben.

Im Laufe der Jahre wurde Amma als Rednerin zu verschiedenen Konferenzen eingeladen. Es ist nicht ihre Art, irgendjemandem ihre Lehren aufzudrücken, sie sagt, dass das Wissen aus ihr herausgezogen werden muss. Wie das Schicksal es wollte, wurde Amma 2002 eingeladen, bei der Weltfriedensinitiative führender religiöser und spiritueller Frauen im Palais der Vereinten Nationen in Genf zu sprechen. Ihre Rede: „Das Erwachen universeller mütterlicher Liebe" basierte auf ihren Erfahrungen, aufgewachsen zu sein in einer unterdrückenden Gesellschaft. In ihrer Rede ermutigte Amma die Frauen, ihre inneren Eigenschaften wie Mitgefühl, Geduld und Verständnis zu kultivieren und diese Wesenszüge, die schlafend in jeder Frau ruhen, wiederzuerwecken. Sie rief die Frauen dazu auf, aufzustehen und etwas zu unternehmen gegen das Leiden, was ihnen über so viele Jahre angetan wurde.

Amma wuchs in einer Umgebung auf, die viele raue und strenge Regeln für Mädchen kannte, aber sie erlaubte diesen unterdrückenden Gebräuchen nicht, sie zu beeinflussen. Ammas Mutter sagte immer zu ihr, dass die Erde die Schritte einer Frau nicht einmal spüren und die Wände sie nicht sprechen hören sollten. Wenn die Familie Gäste hatte, mussten die Mädchen auf ihren Zimmern bleiben, da sie von den Gästen nicht gesehen oder gehört werden sollten. Obwohl sie größer war als ihr jüngerer Bruder, musste sie aufstehen, wenn er den Raum betrat.

Trotz dieser beengenden Erziehung wurde Ammas innere Kraft dadurch nie geschmälert. Ganz im Gegenteil machten sie diese Schwierigkeiten stärker und halfen ihr, tieferes Mitgefühl und größeres Verständnis für das Leben der meisten Frauen in der Welt zu entwickeln. Trotz aller Bestrafungen durch ihre Familie hielt Amma an dem Entschluss fest, anderen, die in Not waren, zu helfen. Ihre Familie verstand erst mit der Zeit, dass Ammas innere Kraft unantastbar war. Sie war wie ein Licht, das sich dagegen wehrte, gelöscht zu werden und das sich verbreitete, um die Leiden derer, die sie umgaben, zu lindern.

Als Amma in Genf über Mütterlichkeit sprach, war das keine Darlegung eines theoretischen Konzeptes. Diese Eigenschaften finden Ausdruck in jeder Minute ihres Lebens. Schon als Kind kümmerte sie sich um ihre Familie und Nachbarn. Menschen, die ihr zum ersten Mal begegnen, erzählen uns immer wieder, dass sie sich die aufwühlende Wirkung, die Amma auf ihre Seele hat, nicht erklären können und viele brechen einfach in Tränen aus. So groß ist die Kraft Ammas göttlicher Liebe. Mit gerade einmal der Grundschulbildung hat Amma das Unvorstellbare erreicht, indem sie permanent auf die „Kraft der Mütterlichkeit" konzentriert blieb.

In Amerika hatte einmal ein Mann Einwände gegen einige Aussagen in Ammas Rede. Er sagte, dass sie aus einem kleinen Dorf käme, aber im Norden, von woher er stammt, seien eigentlich die Frauen die Familienoberhäupter.

Amma wendete sich an ihn und erklärte energisch: „Denkst Du, Amma ist ein kleiner Frosch in einem kleinen Brunnen? Sie ist wie ein riesiger Frosch im Ozean!" Amma fuhr fort, dem Mann zu erzählen, dass sie aus ihren Erfahrungen der letzten dreißig Jahre spricht, in denen sie über dreißig Millionen Menschen begegnet ist, über die Hälfte davon Frauen und vom Versuch, sie zu trösten und ihnen die Tränen ihres Kummers zu trocknen.

Es ist in der Tat ein Wunder, wie Amma unzählige Leben durch die Kraft der mütterlichen Liebe verändert. Sie zeigt der ganzen Welt, dass Männer und Frauen nicht nur die Harmonie in der Gesellschaft wieder herstellen, wenn sie zusammenarbeiten, sondern auch ihre wirkliche Identität als wahre Menschen wiedergewinnen. Wenn wir unser tatsächliches Potential erkennen, wird uns klar werden, dass wir zu so viel mehr fähig sind, als wir uns gedacht hätten. Ammas unerschöpfliche Liebe inspiriert uns dazu, die Kraft aufzubringen, jenseits unserer Begrenzungen zu gelangen und zu beginnen ein selbstloseres Leben zu führen.

Amma weiß um unsere Fähigkeiten. Sie will, dass Frauen ihre Selbständigkeit entdecken. In der Praxis heißt das, dass sie will, dass wir auf allen Gebieten stark und selbständig werden. Im *ashram* überträgt sie verantwortungsvolle Aufgaben wie den Einkauf und Finanzen, die früher reine Männersache waren, an Frauen. In Ammas Institutionen in Indien sind Frauen Rektorinnen von Schulen und Abteilungsleiterinnen. Auf einer Nordindien-Tour wollte Amma einmal, dass die Frauen das Gepäck und das Equipment auf die Busse verladen, eine Arbeit, die normalerweise die Männer machen.

Nach dem Tsunami schickte Amma viele der *brahmacharinis* hinaus in die Dörfer, um bei Aufräumarbeiten in den Häusern zu helfen. Diese Mädchen verbrachten lange Tage damit, Sand zu schaufeln und Schutt und Trümmer wegzuräumen, alles aus Liebe zu Amma. Tagelang arbeiteten sie extrem hart in der Hitze, um das Leiden anderer zu lindern.

Amma setzte zwei Mädchen als Nachtwachen auf dem Baugelände ein, auf dem die neuen Häuser entstanden. Es lag ein kurzes Stück vom *ashram* entfernt und wir waren alle überrascht darüber, weil wir dachten, dass das doch eigentlich eher Männerarbeit sei. Trotzdem beharrte Amma darauf, dass ihre Mädchen so mutig seien, warum sollten sie diese Arbeit also nicht übernehmen?

Während eines *Devi-bhava* sah ich einmal eine *brahma-charini,* die Amma ihre Probleme erzählte. Amma antwortete

ihr, indem sie das Mädchen ihren Bizeps zeigen ließ und sagte: „Schau mal, was Du für Muskeln hast! Du schaffst das!"

Frauen beschweren sich manchmal darüber, dass es den Anschein hätte, dass sie so viel härter arbeiten müssten als Männer. Ich fragte Amma einmal, wie eine Frau ihre spirituelle Energie verliert, da ein Mann sie durch den Verlust von Samen verlieren kann. Amma antwortete, dass eine Frau ihre spirituelle Energie durch ihre Gedanken und Emotionen verliert. Deshalb müssen Frauen normalerweise mehr körperliche Arbeit verrichten als Männer, damit sie ihre Gedanken und Gefühle eher in eine positive Richtung lenken können, und so ihre mentale und emotionale Stärke nicht verlieren.

Nie zuvor hat die Erde ein so großartiges Wesen wie Amma gekannt. Niemand außer Amma hat so viele Menschen berührt und solch außergewöhnliche Liebe und Anteilnahme mit ihrem physischen Körper gezeigt. Amma hat unendlich Geduld und Mitgefühl. Sie gibt die Liebe einer Mutter und das genau ist es, was die Welt braucht. Es mag sein, dass die Kraft dieser Liebe langsam wirkt, aber sie ist großartiger und mächtiger als alles andere in der Welt. Wir müssen nicht selber Kinder auf die Welt bringen, um Mütterlichkeit zu verstehen, weil Amma uns sagt, dass deren Essenz die Liebe ist, es ist eine Geisteshaltung.

Es wird oft gefragt, wie Amma es schafft, stundenlang *darshan* zu geben, ohne zu essen und zu schlafen. Amma hat einen menschlichen Körper, aber sie identifiziert sich nicht mit ihm. Sie sagt, wenn sie die leidenden Menschenmengen da draußen sieht, muss sie einfach weitermachen. Sie muss jeden sehen, bis hin zur letzten Person. Amma ist in der Lage, so viel zu leisten, weil sie mittels ihrer bloßen Geisteskraft alle körperlichen Grenzen überwinden kann. Sie ist ein Vorbild für uns alle und ruft uns dazu auf, unsere innere Quelle der Kraft zu erschließen, um jenseits unserer bisher wahrgenommenen Grenzen zu gelangen.

Die Zeitpläne während Ammas Touren sind sehr rigoros. Um mit ihr Schritt halten zu können, müssen wir uns alle enorm anstrengen. Kein normaler Mensch kann solch einen herausfordernden Zeitplan von alleine aufrechterhalten. Stattdessen lassen wir Amma durch uns arbeiten. In dieser Haltung von Ergebenheit erkennen wir, dass es uns möglich ist, mehr zu leisten, als wir für möglich hielten. Die meisten von uns haben irgendwann das Gefühl, am Rande ihrer Kräfte zu sein, aber dann merken wir, dass wir immer noch ein bisschen weitermachen können. Viele verstehen oft nicht, warum oder wie wir so viel tun können. Aber wir spüren, dass wir die Kraft dazu bekommen, wenn wir mit Liebe handeln, wie eine Mutter, die ihr Kind neun Monate trägt, auch wenn sie dieses Gewicht manchmal fast nicht mehr ertragen kann und sich dennoch aus Liebe in die Situation ergibt.

Als wir letztes Jahr auf der Nord-Indien-Tour in Bhopal waren, fuhren wir zu einem Abendprogramm. Amma fühlte sich nicht wohl, eigentlich war sie sogar ziemlich krank. Ich hatte Medikamente für sie dabei, aber sie weigerte sich, welche zu nehmen. Da wir wussten, wie sie sich fühlte, machten wir uns Sorgen darüber, wie sie den *darshan* mit den 100.000 Menschen, die auf sie warteten, überstehen würde. Doch sie gab weiter *darshan*, die ganze Nacht hindurch bis zum nächsten Morgen. Amma inspiriert uns immer und immer wieder dazu, über unsere scheinbaren Grenzen hinauszugehen.

Es gibt eine berühmte Geschichte über die Titanic. Als das Schiff zu sinken begann, beeilten sich alle, in die Rettungsboote zu klettern. Ein Rettungsboot hatte aber zu viele Menschen an Bord. Jemand verkündete, dass das Boot zu voll sei, wenn aber wenigstens eine Person freiwillig über Bord ginge, könnten alle anderen gerettet werden. Einer der Männer hatte den Mut und sprang über Bord, um so sein Leben für die Anderen opfern. Dieser tapfere junge Mann entdeckte in diesem Moment seine innere Kraft und war damit in der Lage, sein Leben für die anderen hinzugeben. Wenn wir verstehen, dass Amma sich täglich für die leidende Menschheit opfert, können wir nicht anders, als mit unseren Leben ebenfalls dienen zu wollen.

Während der *amritavarsham 50*-Feierlichkeiten besuchte Amma auch *AIMS*, um am CEO-Gipfeltreffen, das hier stattfand, teilzunehmen. Am Eingang des Konferenzraumes stand ein kunstvolles Blumenarrangement auf dem Boden. Normalerweise gibt Amma sehr acht auf diese Kunstwerke, damit sie sie nicht beschädigt, aber an diesem Tag schaute sie zu all den Menschen und nahm das Blumenmandala nicht wahr. Sie trat versehentlich auf eine Ecke und lief dann direkt weiter nach vorne auf die Bühne.

Nachdem sie sich gesetzt hatte, bückte sie sich, um eine lange dicke Nadel aus ihrer Fußsohle zu ziehen, die sie mir dann gab. Ich war erschrocken und mir wurde schrecklich übel bei dem Gedanken an die Schmerzen, die sie Amma verursacht haben musste. Wir wissen ja, wie schmerzhaft selbst ein kleiner Nadelstich sein kann, wie sehr dann erst eine 2 cm lange dicke, geradewegs in den Fuß gebohrte Stecknadel. Ich war völlig durcheinander bei dem Gedanken an Ammas Schmerz, sie selbst aber zuckte nicht einmal mit der Wimper. Sie hörte weiter den Reden der geladenen Gäste zu und gab anschließend ihren eigenen *satsang*.

Ich versuchte unauffällig Ammas Schuhe zu organisieren, einen Tupfer mit Alkohol und ein Pflaster, damit ich die Wunde versorgen konnte, um einer Infektion vorzubeugen. Ich bat zwei verschiedene Leute darum, diese Dinge zu besorgen, aber nichts geschah.

Nach dem einstündigen Programm ging Amma in einen kleineren Raum, um sich mit einigen der CEO's zu treffen. Schließlich bekam ich doch noch ein Desinfektionstuch und ein Pflaster für Amma und konnte ihren Fuß auf die Schnelle abtupfen. Als ich versuchte, das Pflaster auf ihren Fuß zu kleben, nahm Amma es mir aus der Hand, weil sie schon angefangen hatte, die Gastredner zum *darshan* zu empfangen. Ich versuchte zweimal, ihr das Pflaster abzunehmen, damit sie ihre Hände frei hätte, aber sie ließ es mich nicht nehmen. Dann rief sie noch mal dreißig Leute zum *darshan*, während sie immer noch das Pflaster in der Hand hielt. Nach dem *darshan* ging sie durch das Krankenhaus und blieb einige Zeit bei einem sterbenden Patienten, danach kümmerte sie sich noch um ein paar Babys in der Frühgeborenen-Intensivstation. Während der ganzen Zeit lief sie ohne Schuhe.

Als wir schließlich im Auto saßen, um zum Stadion, in dem das Geburtstagsprogramm stattfand zurückzufahren, öffnete sie ihre Hand und ich sah, dass sie es noch immer hielt. Amma lehnte es ab, irgendjemanden nach ihrem Fuß schauen zu lassen, weil sie niemals an ihr eigenes Wohlergehen dachte. Sie war zu sehr damit beschäftigt, an die Bedürfnisse der Hunderttausende von *devotees* zu denken.

Am nächsten Tag merkte Amma, dass ihr Fuß anfing, sich zu entzünden und sie entschied sich dafür, Antibiotika zu nehmen. Sie schluckte sie auf nüchternen Magen, worauf ihr schlecht wurde, gab aber weiter *darshan*, über neunzehn Stunden lang, in denen sie fast 50.000 Menschen umarmte. Amma sagte später zu mir, dass sie während des *darshans* eine zeitlang nichts mehr sehen konnte. Sie sagte, dass ihr Blick völlig eingeschränkt war und die Menge vor ihren Augen einfach verschwamm. Niemand wusste davon, da sie trotzdem nicht aufhörte, stundenlang die Menschen zu umarmen.

Ich habe später den Mädchen, die das Blumenarrangement machten, gegenüber erwähnt, dass sie nie Stecknadeln dafür benutzen sollten, da es zu gefährlich wäre. Sie erwiderten, dass sie gar keine Nadeln benutzt hatten. Ich persönlich hatte das

Gefühl, dass Amma durch diesen Vorfall alles Negative, was während dieser Geburtstagszeit hätte geschehen müssen, auf sich genommen hat, da es während dieser vier Tage, in die so viele Menschen involviert waren, auf wundersame Weise keinen einzigen Unfall oder Verletzungen gegeben hatte.

Ein Journalist fragte Amma einmal, was das Geheimnis ihres Erfolgs sei. Amma schlug vor, dass die Menschen vielleicht das in ihr finden, was für alle essentiell ist, ihnen selbst aber fehlt. Als er nicht locker ließ, sagte sie: „Es ist Liebe" und weiter: „Es gibt zweierlei Arten von Armut: materielle Armut und Mangel an Liebe und Mitgefühl. Wenn Liebe und Mitgefühl erwacht sind, dann ist auch die materielle Armut überwunden."

Ammas Mitgefühl und Liebe geben ihr die Kraft, Unglaubliches in der Welt zu leisten und Millionen von Leben rund um den Globus zu bereichern. Mitgefühl ist der Ausdruck von Liebe und birgt die Möglichkeit, Leiden zu entfernen. Sie blüht als die Frucht wahren Verstehens und verleiht uns die Kraft, alles zu tun.

❀

Ich sehne mich danach, Dir ein langes, trauriges Lied zu singen,
um Tränen in Deine Augen zu bringen
und Dein Herz zu erweichen.
Nur damit Du eine einzige Träne um mich vergießt,
weil ich Ozeane für Dich vergossen habe.
Wenn aber Erinnerungen an Dich in meinen Sinn kommen,
verblassen alle Worte.
Du, die Du alle gunas verwandelst -
Wie könnte ich von Dir sprechen?

Keine Worte können Deiner Glorie standhalten,
keine Melodie Deine Schönheit begleiten.
Du hast die Schönheit und die Glorie aller Dinge gestohlen
und bewahrst sie in Dir.
Auch mein Herz hast Du gestohlen.
Nur meine Tränen fallen aber sie lassen Dich ungerührt.

❀

Kapitel 18

Den Himmel auf Erden finden

*„Zufriedenheit und Glück hängen einzig und allein vom Geiste ab,
nicht von äußeren Objekten oder Umständen.
Sowohl Himmel wie Hölle werden vom Geiste erschaffen."*

Amma

Die Menschen denken oft, dass Gott nur droben im Himmel, auf einem goldenen Thron sitzend, existiert und dass wir den Himmel nur am Ende unseres Lebens erreichen können. Amma sagt, dass das nicht wahr ist. Wir können den Himmel auf Erden finden, hier und jetzt. Es hängt ganz von der Einstellung unseres eigenen Gemüts ab. Wir schaffen uns Himmel oder Hölle selbst. Amma will für uns, dass wir nur den Himmel erfahren.

Ammas Wunsch für die Welt, und möge es auch unserer sein, ist enthalten in dem *mantra: Om lokaah samastah sukhino bhavantu* (Mögen alle Wesen in allen Welten Glück und Friede erfahren). Amma hat viele Male wiederholt, dass sie will, dass alle ein Dach über dem Kopf haben und dass jeder mindestens eine volle Mahlzeit am Tag haben sollte. Alle sollten nachts ohne Angst zu Bett gehen können. Das ist Ammas Traum.

Unsere Wünsche mögen vielgestaltig sei, Ammas Wünsche hingegen sind völlig selbstlos und betreffen ausschließlich das

Wohl der Welt. Sie hat ihr Leben immer in vollem Umfang und in dem Bemühen gelebt, unseren Geist zu klären, zu erheben und uns dazu zu inspirieren, ein aufrichtiges Leben zu führen. Sie ist ein lebendiges Beispiel von Menschlichkeit und Mitgefühl, verbunden mit einer überwältigenden Liebe, der Menschheit zu dienen.

Es war unglaublich zu beobachten, wie mit den Jahren Ammas Mission Früchte zu tragen begann. Wohin wir in Indien auch reisen, können wir die physischen Manifestationen ihrer Liebe sehen, in Form von verschiedenen Bildungseinrichtungen, Krankenhäusern, Hausbauprojekten und so viel mehr Projekten, dass es unmöglich ist, sie alle aufzuzählen.

Ammas Einrichtungen haben den Ruf, mit erstklassiger Technologie ausgestattet zu sein und selbstlos Arbeitende dort zu haben, aber sie wird nie das Verdienst für den Bau des *ashrams* oder all der anderen Aktivitäten, die in ihrem Namen gestartet wurden, in Anspruch nehmen. Wenn sie nach diesen unglaublichen Leistungen befragt wird, antwortet Amma bescheiden: „Ich erhebe keine Ansprüche darauf, irgendetwas getan zu haben. Es sind meine Kinder, die all dies ermöglicht haben. Meine Kinder sind mein Reichtum, sie sind meine Kraft."

Weiterhin erklärt sie, dass sie jeglichen Erfolg des *ashrams* dem Verzicht und dem selbstlosen Dienst ihrer *devotees* zuschreibt. Sie hat nie Zeit damit verbracht auszurechen, ob ein Projekt durchführbar ist oder nicht, bevor sie es startete. Das Bedürfnis der Menschen ist der ausschlaggebende Punkt all ihrer humanitären Aktivitäten. Wenn Amma deren Bedürfnisse spürte, hat sie sich diesen verpflichtet und durch Gottes Gnade haben sich die Dinge immer gefügt, wann immer sie sich inspiriert sah ein Projekt zu beginnen.

Ammas Organisation ist hocheffizient, da sie sich auf die freiwilligen Leistungen ihrer *devotees* verlässt. Wenn andere

Organisationen Geld für Hilfsprojekte zuteilen, wird das meiste davon für Lohn- und administrative Ausgaben verschwendet. Es ist wie mit Öl, das man nacheinander von einem Glas in das nächste füllt - zum Schluss ist davon fast nichts mehr übrig. Das meiste davon geht verloren, weil es an den Seiten der Gläser hängen bleibt. Auf diese Art schrumpfen tausend Rupien zu zehn zusammen, bis sie endlich zu den Menschen gelangen. Auf der anderen Seite ist es so, dass sich das Geld multipliziert, wenn wir unsere Anstrengungen dazurechnen. Das ist die Macht selbstlosen Gebens: Man kann mit zwei Cent beginnen und mit einem Dollar enden.

Selbstlosem Geben liegt ein Kreislauf der Liebe zugrunde, er ist vollendet, wenn diejenigen, die Ammas Liebe in der Ferne erfahren haben, ihr schließlich begegnen. Dann lässt sie jene direkt spüren, dass die Liebe, die sie fühlen real, langanhaltend und ein Teil ihrer eigenen wahren Natur ist. Indem Amma uns Liebe schenkt, erweckt sie die Liebe in uns.

Ammas Inspiration wird zu einem göttlichen Aufzug. Einmal gestartet, fährt er fast von selbst, mit gewaltiger Kraft. Es ist eine Kraft, die nicht durch Beherrschen entsteht, sondern durch Liebe. Es ist das Gegenteil unserer alltäglichen Vorstellung von Macht. Diese Liebe ist der Schlüssel zum spirituellen Wachstum und zu den Veränderungen, die Amma in uns bewirken kann. Nur durch selbstlose Liebe finden wir genügend Kraft und Geduld, schwierige Zeiten durchzustehen.

Auf jeden Einzelnen, der direkt von Ammas Liebe berührt wird, kommen viele, viele mehr, die davon einen Nutzen haben. Amma inspiriert ganz gewöhnliche Menschen dazu, ungewöhnliche Dinge zu tun. Aber es ist nicht nur, dass sie in ihrer Begeisterung soziales Engagement zeigen und den Gedanken hegen „Gutes zu tun", es ist viel mehr; es ist die Art und Weise, wie die *devotees* ihre Liebe zu Amma ausdrücken.

Wir können eine Beziehung zu Amma haben, wo wir auch sein mögen, weil sie uns gesagt hat, dass sie immer bei uns ist. Ein junges Mädchen hatte den großen Wunsch, Amma zu begegnen, aber es war ihr nicht möglich, nach Amritapuri zu kommen. Sie arbeitete als Angestellte in einem sehr strengen Haushalt und konnte nicht nach freien Tagen fragen. Sie versuchte, Kontakt zu bekommen zu Menschen, die Amma schon begegnet waren und von ihr sprachen. Als sie eines Tages ein kleines Foto von Amma bekam, war sie überglücklich. Aber immer noch verspürte sie den starken Wunsch, Ammas *darshan* zu erhalten. Eines abends machten sich einige Leute aus ihrer Stadt auf den Weg zum *ashram* zu Ammas *Devi-bhava*-Programm. Sie fragten sie, ob sie mitkäme, aber es war dem Mädchen unmöglich, dafür Erlaubnis zu bekommen, worüber sie todunglücklich war.

Als der Hausbesitzer am Abend das Haus verließ, legte sie ihren Kopf auf den Boden und weinte. Plötzlich spürte sie jemandes Gegenwart im Zimmer. Sie hob den Kopf und war überwältigt Amma, in einen grünen Sari als *Devi* gekleidet, auf der Couch sitzen zu sehen, mit einer Krone auf dem Kopf und dem Schmuck der göttlichen Mutter. Sie war umgeben von einem ganz besonderen Duft. Das Mädchen dachte, dass sie vielleicht träumte, wusste aber, dass sie hellwach war. Amma hob sie auf und wischte ihr die Tränen aus dem Gesicht. Sie legte den Kopf des Mädchens an ihre Schulter und sagte: „Meine liebe Tochter, weine nicht. Ich bin immer bei Dir." Amma hielt ihre Hand und blickte ihr tief in die Augen, dann verschwand sie wieder.

Als ihre Freunde am nächsten Tag zurückkamen, fragte das Mädchen sie nach der Farbe von Ammas *Devi-bhava* Sari. Sie bestätigten, dass der Sari, den Amma trug tatsächlich grün war. Seit dieser wundersamen Vision waren vier Jahre vergangen und wenn sie es auch noch nie geschafft hat, nach Amritapuri zu kommen, um Amma persönlich zu begegnen, weiß sie doch in ihrem Herzen, dass Amma immer bei ihr ist.

In Indien bildeten die Lehren gottverwirklichter Meister die Grundlage des *sanaatana dharma*. Die Schwingungen ihrer Verwirklichung und die großen Wahrheiten, die sie gesprochen haben, sind in feiner Form immer noch präsent. Amma ist das Kronjuwel dieser uralten immerwährenden Abfolge von Meisterinnen und Meistern.

Als Amma sechzehn war, sah ihr Bruder sie an den Backwaters sitzen und weinen. Zunächst dachte er, sie würde weinen, weil sie jemand getadelt oder geschlagen hatte und er ging zu ihr, um sie zu fragen, was passiert sei. Amma sah ihn an und sagte: „Sohn, ich kann den Kummer der Welt fühlen. Ich höre die Schreie der leidenden Menschheit und ich kenne auch den Weg, ihren Kummer zu entfernen." Dieses Mitgefühl hat sich durch ihr Leben manifestiert und ist Grundlage all ihrer Handlungen, während sie versucht uns immer und immer wieder zu erreichen.

Es mag schwer fallen, sich vorzustellen, dass Amma jedes einzelne Herz und unsere tiefsten Wünsche kennt, wo sie doch Millionen von Kindern auf der ganzen Welt hat. Aber sie zeigt jedem einzelnen von uns immer wieder, dass sie die Fähigkeit hat, uns zu hören und uns im Innersten zu kennen.

Amma sagte einmal: „Meine Kinder denken, dass ich mich nicht an sie erinnere, dabei kommt Amma jede Nacht zu jedem einzelnen von ihnen, auf der ganzen Welt und gibt ihnen einen Gute-Nacht-Kuss."

Manche sprechen von einem goldenen Zeitalter, das kommen wird. Ich glaube, dass es mit Ammas Geburt auf dieser Erde begonnen hat. Die Gnade, die wir haben, Amma unter uns zu haben, ist unfassbar. Wir alle suchen nach einem Stück Himmel auf Erden. Ich weiß, wo ich meines gefunden habe!

Im Inneren dieser unreinen Welt
liegt Deine Glückseligkeit
in der ganzen Schöpfung.
Mein Herz erzittert in Erwartung
bei dem Gedanken daran,
Deine kostbare Gestalt zu erblicken.
Dieser eine Wunsch lässt mich weitermachen,
während die Tage leer dahinschwinden.

Wann wird der Tag heraufziehen,
an dem die Wolken der Täuschung verschwinden?
Dein süßes Versprechen macht mich durstig
nach Deiner Gestalt.
Mit dem Gedanken an Dich fest vor mir,
werde ich mir meiner Unwissenheit bewusst.
Irgendetwas anderes zu suchen wird vergeblich.

Eine Berührung Deiner Lotosfüße wird mich befreien
und ich werde glücklich ertrinken
in Deinem Meer des Mitgefühls.

Glossar

aadivaasi: Ureinwohner Indiens, Stammesangehörige, (Sanskrit, wörtl.: „erster Mensch oder Bewohner").

AIMS: (Amrita Institute of Medical Sciences) Ammas hochspezialisiertes Universitätskrankenhaus in Cochin, Kerala.

Amritapuri: Hauptsitz von Ammas *ashrams* in Kerala, Indien.

amritavarsham 50: Viertägige Veranstaltung für Frieden und Harmonie in der Welt, anlässlich Ammas 50stem Geburtstag im September 2003 in Cochin.

aarati: Rituelles Schwenken von brennendem Kampfer verbunden mit Glockenläuten am Ende eines Gottesdienstes, welches das Darbringen des *Egos* symbolisiert.

archana: Rezitation der Namen Gottes.

Arjuna: Großer Krieger und Held im *mahaabhaarata*-Epos. Geliebter Schüler von *Krishna,* der ihn auf dem Schlachtfeld in göttlicher Erkenntnis unterwies (*bhagavad gitaa,* ca. 3000 v.Chr.).

(a)ashram: Eine Lebensgemeinschaft, die nach spirituellen Regeln lebt; Wohnsitz eines oder einer Heiligen.

aatman: Das höchste Selbst oder Bewusstsein. Es bedeutet sowohl die höchste Seele als auch die individuelle Seele.

aayurveda: Die altindische, traditionelle medizinische Wissenschaft (Sanskrit, wörtl.: „Wissen vom Leben").

bhajan: Lobgesang.

bhava: (Göttliche) Einstimmung oder Zustand.

brahmachari: Zölibatär lebender Schüler, der spirituelle Übungen praktiziert.

brahmacharini: Zölibatär lebende Schülerin, die spirituelle Übungen praktiziert.

der Buddha: (Sanskrit, Pali: wörtl. „der Erwachte") Hier der historische *Buddha Shaakyamuni* gemeint.

chai: Indischer Tee, mit Milch und Gewürzen zubereitet.

chatti: Runde Metallschüssel, die auf dem Bau zum Transport von z.B. Zement benutzt wird.

daal: Indisches Linsengemüse.

darshan: Das Anschauen oder die Begegnung mit einer göttlichen oder heiligen Person.

Devi: Die göttliche Mutter.

devotee: (Englisch) hingebungsvoller Anhänger oder Verehrer.

dharma: (Sankrit, wörtl.: „das, was die Schöpfung aufrecht erhält"), auch Rechtschaffenheit, Verantwortung.

dhoti: Kleidungsstück, welches um die Hüfte gebunden wird und normalerweise von Männern getragen wird.

dowry: Finanzielle Vereinbarung über die Mitgift (Geld und Geschenke) der Familie der Braut.

Ego: Begrenztes „Ich"-Bewusstsein, das sich identifiziert mit begrenzten Attributen, wie Körper oder Geist.

ghee: geklärtes Butterfett, gilt im *aayurveda* als Lebenselixier.

gopis: Hirten- und Milchmädchen, die in *Vrindaavan* lebten. Sie waren *Krishnas* treueste *devotees* und bekannt für ihre äußerste Hingabe.

guna: (Sanskrit, wörtl.: „Grundeigenschaft"), die drei Eigenschaften (*sattva, rajas, tamas*) von Materie oder Energie, aus denen alle Objekte der Erscheinungswelt bestehen.

guru: Lehrer, auch der spirituelle Lehrer.

gurudev: „göttlicher Lehrer", ein gebräuchlicher Sanskrit-Terminus der respektvollen Anrede eines spirituellen Lehrers.

IAM: (Integrated Amrita Meditation Technique®) Integrale Meditationstechnik, die Amma entwickelt hat.

japa: Wiederholen eines heiligen Namens oder heiligen Formel (*mantra*).

kalari: Der kleine Tempel, in dem Amma in den Anfangjahren *Devi-bhava* gegeben hat.

karma Yoga: Der Yoga-Weg des selbstlosen Dienstes.

karma: Handlung oder Tat. Ebenso die Kette der Wirkungen, die durch unsere Handlungen erzeugt werden.

Krishna: Achtzehnte Inkarnation von *Vishnu,* dessen Lehren in der *bhagavad gitaa* enthalten sind.

kurukshetra: Das Feld, auf dem die große Schlacht zwischen den *Paandavas* und den *Kauravas* ausgetragen wurde (*mahaabhaarata*). Dort unterwies *Krishna Arjuna* in seinen Lehren(*bhagavad gitaa*).

mahaatma: (Sanskrit, wörtl.: „große Seele"). Eine hinduistische, respektvolle Anrede für eine spirituell erhabene Person. In diesem Buch bezieht sich der Ausdruck auf eine gottesverwirklichte Seele.

maala: Girlande oder Halskette.

malayaalam: Ammas Muttersprache. Die Landessprache Keralas.

mantra: Ein heiliger Klang oder eine heilige Formel, welche die Kraft hat zu transformieren.

maayaa: Illusion, Täuschung.

Om Amriteshwaryai namah: *mantra* , welches die Göttin der Unsterblichkeit grüßt.

Om namah Shivaya: Mächtiges *mantra,* welches verschieden interpretiert werden kann, meistens wird es übersetzt mit: „Ich verbeuge mich vor dem ewigen verheißungsvollen Bewusstsein".

pada puuja: Traditionelles ehrbezeugendes Fußwaschungsritual für einen *guru.*

panchakarma: Die fünf verschiedenen Reinigungstechniken, die im Rahmen einer *aayurvedischen* Kur angewandt werden.

pappadam: Sehr beliebte dünne, runde, knusprige Fladen aus Kichererbsenmehl.

paramaatman: Die höchste Seele oder Gott.

prasaad: Gesegnete Opfergabe oder Geschenk eines Heiligen oder aus einem Tempel.

puuja: Religiöses Ritual oder Gottesverehrung.

puujaari: Tempelpriester, der traditionelle Gottesverehrung ausführt.

punyam: (religiöses) Verdienst

Raadhaa: Eine der *gopis,* die *Krishna* am nächsten stand und die die höchste und reinste Gottesliebe personifiziert.

rajas: Aktivität, Streben, Leidenschaft; eine der drei Grundeigenschaften der Natur, welche die der gesamten Schöpfung innewohnenden Charakteristika bestimmen.

retreat: (Englisch, wörtl.: „Rückzug"), spirituelles Programm (Meditation, *satsang, bhajans*), meistens für mehrere Tage.

rudraksha: Samen eines Baumes, der vor allem in Nepal wächst, der bekannt ist für seine medizinische und spirituelle Kraft. Der Legende nach bekannt als „Träne *Shivas*".

saadhana: Spirituelle Übungen, die zum Ziel der Selbstverwirklichung führen.

samadhi: Vereinigung mit Gott. Ein transzendentaler Bewusstseinszustand, in dem man jeglichen Sinn für individuelle Identität verliert.

sanaatana dharma: (Sanskrit, wörtl.: „ewige Weisheit"), ursprüngliche und traditionelle Bezeichnung des Hinduismus.

sankalpa: (Sanskrit, wörtl.: „Absicht, Wille"), auch Entschluss.

sannyaas: Zeremonie, die formale Gelübde des Verzichts beinhaltet.

Sanskrit: (Sanskrit, wörtl.: „vollkommen, vollendet gemacht"), alte indische, heilige Sprache der Hindus, von der auch gesagt wird, sie sei die Sprache Gottes.

satsang: Das Teilnehmen an spirituellen Erörterungen oder Hören von spirituellen Texten. Zusammensein mit Heiligen und *devotees.*

seva: Selbstloser Dienst.

shraddhaa: Die innere Haltung des Glaubens und Vertrauens. Achtsamkeit und Sorgfalt.

swaami: Einer, der die Ordensgelübde des Verzichts und Zölibats ablegt.

swaamini: das weibliche Pendant.

tapas: (Sanskrit, wörtl.: „Glut, Hitze, Askese"). Anstrengungen, die unternommen werden, zum Zweck der Selbst-Reinigung.

tulsi, tulasi: heiliger Basilikum, eine Heilpflanze (lat.: „ocimum sanctum").

tyagam: Sanskrit, wörtl.: „Aufgabe, Loslassen, Entsagung".

vairaagya: Sanskrit, wörtl.: „Leidenschaftslosigkeit, auch Losgelöstheit".

vaasana: (Sanskrit, wörtl.: „Vorstellung, Verlangen"), auch die Eindrücke der Dinge und Handlungen, die durch unsere Erfahrungen gespeichert sind. Latente Neigungen unseres Gemüts.

vedaanta: (Sanskrit, wörtl.:„Ende der Veden"). Ein philosophisches System, welches hauptsächlich in den *upanishads* beschrieben wird. (Auch in der *bhagavad gitaa* und den *brahma sutras*) und sich mit der Natur des Selbst beschäftigt.

vibhuuti: Heilige Asche, die Amma normalerweise als *prasaad* gibt.

Vrindaavan: Der Kindheitsort *Krishnas*